区域企业孵化网络
科技资源配置效率研究

张玲 著

经济管理出版社
ECONOMY & MANAGEMENT PUBLISHING HOUSE

图书在版编目（CIP）数据

区域企业孵化网络科技资源配置效率研究/张玲著 . —北京：经济管理出版社，2019. 12
ISBN 978-7-5096-2499-9

Ⅰ.①区… Ⅱ.①张… Ⅲ.①高技术企业—企业孵化器—资源配置—研究—中国
Ⅳ.①F279. 244. 4

中国版本图书馆 CIP 数据核字（2020）第 016744 号

组稿编辑：陆雅丽
责任编辑：陆雅丽
责任印制：黄章平
责任校对：张晓燕

出版发行：经济管理出版社
　　　　　（北京市海淀区北蜂窝 8 号中雅大厦 A 座 11 层　100038）
网　　址：www. E-mp. com. cn
电　　话：（010）51915602
印　　刷：北京虎彩文化传播有限公司
经　　销：新华书店
开　　本：720mm×1000mm/16
印　　张：14. 25
字　　数：233 千字
版　　次：2020 年 8 月第 1 版　2020 年 8 月第 1 次印刷
书　　号：ISBN 978-7-5096-2499-9
定　　价：78. 00 元

前　言

在当今共享经济背景下，科技创业活动已不再是单纯依靠创业者禀赋和创业企业内部资源的传统渐进式行为，而是早已转变为科技孵化器、孵化园区，乃至整个区域企业孵化网络的共同实践。近年来，在我国创业孵化政策的大力推动下，各区域已构建了以孵化器为核心支撑的企业孵化网络并得以快速发展，为各地培育出大批优质科技企业，成为国家创新系统的中坚力量。然而，在孵化实践的过程中也出现了一系列效率低下的问题：区域内孵化科技资源整体高投入低产出、资源短缺与浪费现象并存，区域间科技资源配置效率极不均衡……这些问题严重影响了我国孵化产业中有限的科技资源的合理配置，阻碍了孵化产业的整体发展。在此背景下，研究各区域企业孵化网络科技资源配置效率并揭示其动态演化规律，分析效率影响因素的作用机理，并探索效率提升路径，成为一个既影响微观企业创业行为又有助于区域创新经济可持续发展的重要课题。

本书沿着"理论分析—效率评价—效率提升"主线展开研究：

（1）在理论分析部分，将构成企业孵化网络的主体结点划分为资源支配类结点、价值创造类结点、资金支持类结点、技术供应类结点和制度保障类结点，结点机构通过彼此间联系在孵化网络中协同发挥作用。在对网络结点、结点间关系和科技资源配置过程进行分析的基础上，提出了区域企业孵化网络科技资源配置的二阶段理论模型并构建相应的指标体系。

（2）在效率评价部分，主要收集《中国火炬统计年鉴》孵化产业面板数据，运用 DEA 方法构建与科技资源配置理论模型相匹配的二阶段链式网络

SBM 效率评价模型，对 29 个省域企业孵化网络做出横向效率评价并测算各指标投入冗余和产出不足，最后使用 Malmquist 指数模型揭示我国各省域效率的纵向变化过程，以期探索效率的演化规律及成因。

（3）在效率提升部分，立足于区域环境特征和网络结构两个视角分析效率差异的影响机理并使用 QCA 方法寻找效率提升路径。在网络结构数据获取与指标测算中，使用数据分析工具 Python 软件对 354 家国家级孵化器网站进行页面抓取以进一步构建各省域企业孵化网络的组织间关系数据库，在此基础上利用 Ucinet 软件实现 29 个省域网络图的绘制并完成网络规模、密度和中心势指标的测算，最后利用 FsQCA 软件对各孵化网络所处区域环境和其网络结构间的适配性展开讨论，为区域企业孵化网络实现高效科技资源配置提供对策参考。

本书得出以下主要结论：

（1）对区域整体孵化网络的效率研究有利于促进孵化产业的可持续发展。区域企业孵化网络科技资源配置效率近年来有整体下降的趋势，孵化技术难以产生质的突破成为导致效率下降的主要原因。

（2）我国各区域企业孵化网络按照二阶段效率值可划分为四个类型，只有少数网络属于两阶段双高效率类型，大部分网络两个阶段的效率存在脱节现象，阶段间资源配置能力缺乏足够的融合。

（3）部分科技资源的投入冗余和产出不足极度严重：创业导师数和公共服务平台投资额冗余超过实际投入值的 30%，孵化收入不足超过实际值的两倍，这些资源在后续改进中存在巨大的提升空间。

（4）地区经济发展水平并不是区域企业孵化网络科技资源配置效率的决定因素。同样，高网络密度并非所有网络保持高效配置的必要条件。较大的网络规模是现阶段实现科技资源高效配置的重要条件。

（5）在创新能力高且经济发达的地区，企业孵化网络的密度和中心势具有替代关系；在无区位优势且经济欠发达的区域，增加网络结点组织间联系数量可实现科技资源的高效配置。总体而言，我国区域企业孵化网络科技资源配置效率尚存在很大的提升空间，区域需结合自身环境特点来构建匹配的网络以进行有效改善。据此，本书进一步提出了有利于效率提升的若干对策建议。

本书实现了四个方面的创新：

（1）从整体网络资源配置效率角度独创性地探索企业孵化网络绩效问题，为孵化网络研究开辟了新的视角。

（2）构建了企业孵化网络二阶段资源配置模型并对 29 个省域网络进行横向效率评价和演化规律探索。

（3）从区域环境特征和网络结构特征两个维度分析了共计七个因素的效率差异影响机理，并运用定性比较分析方法进行高效路径研究，打破了线性分析的传统，使效率提升路径的探索更具科学性。

（4）首次构建了我国 29 个省域企业孵化网络关系数据库并绘制网络结构拓扑图，为后续整体孵化网络的研究提供了数据基础。

本书将区域整体企业孵化网络作为研究对象，进行科技资源配置效率评价并探索整体网络的效率提升路径，以期为我国企业孵化网络科技资源配置理论的构建和区域创业孵化产业的发展提供系统性的实证基础和具有针对性与可操作性的政策建议，一方面有利于企业、政府等机构的微观行为实践，另一方面有助于区域企业孵化网络价值的整体提升。

由于学科研究的不断发展和本人研究偏好的限制，书中难免存在不足之处，恳请广大读者朋友批评指正。

张　玲

2019 年 12 月于太原

目　录

1 绪 论

1.1 研究背景和意义

1.1.1 研究背景

2014 年以来，我国在政府"大众创业、万众创新"的号召下已达创业高峰，在中国新常态背景下，创新创业逐渐成为经济发展的"新引擎"。2017年 10 月，党的十九大报告指出我国已进入了社会主义新时代，创新成为目前解决社会矛盾的第一动力。区域创新的一个重要动力在于孵化系统对于创业行为的有力支撑，因此，孵化器的市场需求持续火热，关于创新、创业、孵化的讨论频频出现于媒体及官方报告。而我国在不断提高各种科技创业相关投入的同时却因为经济、体制、历史等原因未能达到预期的资源利用效果，存在孵化科技资源产出效率低下、资源配置机制欠佳、资源浪费惊人、孵化器布局凌乱及共享不足等诸多问题。这种只增加投入却不优化资源配置和提升效率的模式造成了科技资源的严重浪费，更加强化了资源的稀缺性，因此是不可持续的。基于我国政府及社会科技创新资源有限和利用率低下的现状，党的十八大提出要完善科技资源配置体制、提升科技资源配置效率；党的十九大再次将效率变革、提高全要素生产率和减少创新创业资源的浪费纳入战略发展规划，以不断增强我国的创新能力。

（1）创新创业强力助推区域经济发展

著名创新理论学家 Schumpeter 指出，技术创新因其被模仿难度大、单位附加值高和环境成本低等优势为区域和国家带来长期的竞争力。大力推动创新发展，有利于提高经济增长的质量和效益，加快推动经济发展方式转变。可以说，创新是一个国家经济繁荣的不竭动力。我国经济社会的进步将从更多地依赖资源消耗和人口红利以维持经济增长转变到更多地依靠技术创新来推动经济社会持续协调发展。2006 年，《国家中长期科学和技术发展规划纲要（2006～2020 年）》（下文简称《纲要》）指出，我国今后要全面提升科技支撑力，力争科技贡献率达到 60%，使企业真正成为技术创新的主体要素。《纲要》出台之后，国家整体自主创新能力得到大幅提升，科学技术在促进社会发展和提高人民生活水平方面起到显著作用，力争从制造型国家向创新型国家转变，为迈向世界科技强国之路奠定了坚实的基础。2015 年，政府将"双创"提升到经济发展新引擎的战略高度，全民创业指数及创业成功率均呈现指数级增长。在此背景下，我国于 2016 年首次成功跨入全球最具创新力经济体前 25 强，标志着以我国为代表的中等收入国家的创新能力实现划时代提升。2017 年，党的十九大报告指出我国在 15 年后将步入世界创新型国家前列。由此可见，创新创业正以前所未有的力量推动我国经济的发展。

（2）企业孵化网络有效提升区域创新能力

在"双创"事业开展过程中最为突出的问题是初创企业因资源整合能力差而成活率偏低。为帮助中小企业摆脱困境，建立和发展企业与各经济主体间的网络关系而集中配置创业优势资源，科技企业孵化器应运而生。我国科技企业孵化器自 1987 年创办以来得到了良好的发展，目前企业孵化器作为提升新创科技企业的存活率、协助企业家创业、促进科技成果转换、促进区域就业以及实现政府职能的有效工具，已成为驱动区域创新经济的有效助推器。当区域相对集中的众多孵化器与在孵企业、外围服务机构形成联结并相互作用时，创业孵化模式向网络化、集群化升级，价值互动方式从二元互动拓展为多元协同，区域企业孵化网络逐渐形成，对区域知识、技术及资源共享产生了强烈的促进作用，资源的集聚为初创企业科技成果转化创造了条件，促使中小企业加速成长并快速形成产业化和规模化。全球企业孵化网络蓬勃发展并取得了举世瞩目的成就：英国成功实现企业孵化网络与信息产业的对接，带动通信、交通等成为英国经济的支柱产业；韩国实现了企业孵化网络对文化产业的重组，为国家寻找到新的经济增长点；美国硅谷通过企业孵化网络成功扶持了众多创新创业群体，积极实现企业成果转化，收到了巨大的经济效果。由此可见，企业孵化网络在促进经济持续快速发展过程中发挥了举足轻重的作用，具有重要的社会经济内涵。近年来，我国各地政府在企业孵化网络构建和完善方面投入了大量资金、人力和物资，孵化网络的飞速发展也为我国创新经济做出巨大贡献。截至 2017 年初，我国孵化产业累计为国家增加了 9.2 万个企业、240 万个就业岗位[①]，可以说在政府大力支持下，区域企业孵化网络正不辱使命，承担着推动区域经济发展、提升区域整体竞争力的重大责任。

（3）我国区域科技孵化产业问题凸显

我国科技企业孵化产业在整体蓬勃发展的同时由于经济下行压力而凸显出两大问题：

首先，孵化科技资源重复配置、整体资源配置效率低下。近年来，各地区不断加大孵化科技资源的投入力度，孵化器数量、孵化面积和孵化基金额急速增长。但由于科技孵化活动受区域条件影响较大，很多区域科技创新孵化能力薄弱，导致孵化产出总体水平较差，孵化科技资源配置效率自然偏低。孵化器数量急剧扩张的背后是各区域千篇一律的孵化建设战略，这与我国巨大的科技资源配置空间差异形成鲜明反差。科技部火炬中心曾指出，有些地区在建设孵化器上过于求大求强，孵化能力跟不上急速扩大的规模，导致资源闲置，服务质量低下，不能发挥应有的孵化作用。近年来，孵化器井喷式

————————

① 资料来源：《2017 中国火炬统计年鉴》。

建设与相继倒闭的现象共存：位于深圳市南山区的孵化器"地库"转让出局；拓荒族创业咖啡馆因经营困难、欠薪等问题处于倒闭边缘；上海八六三软件孵化器两股东退出，并挂牌转让股份……上述现象表明，近年来我国孵化产业存在一定的发展悖论：一边是红红火火的创业热潮；另一边是众创空间、孵化器面临倒闭出局的困境。可见区域孵化产业在自身建设过程中出现了严重的盲目性。

其次，区域间孵化资源配置不平衡。虽然早在 2015 年初，我国孵化器数量就已达到全球之首，然而区域间资源配置差异却呈逐年扩大趋势（胡海青等，2015）。江苏、广东、天津、北京、上海及山东六省市孵化器数量已达到百家以上。2018 年初，江苏省已拥有 610 家孵化器，总收入超过 80 亿元；而西藏、海南、青海却仍一直维持在个位数水平，海南与西藏仅有不超过 5 家孵化器，总收入仅万元左右，成为当地创业扶持和创新经济发展的鸡肋。我国很多地区市场机制难以发挥作用，孵化器盈利模式不清晰，产业定位和服务体系同质化严重，缺少整体规划和顶层设计，导致我国区域间孵化系统发展极不均衡，而巨大的发展差异势必扩大创新能力差距，最终导致区域经济两极分化更加严重，不利于国家政令统一和区域经济的平衡发展。由此可见，《纲要》出台十多年后的今天，推动科技发展的各方力量体系不健全，科技企业整体孵化质量和科技资源配置效率尚不能适应当前科技发展的新形势，有待显著提高。

因此，在我国高技术产业不发达、资源环境压力增大、科技资源有限及经济发展极不均衡的背景下，合理优化区域科技资源配置并提升资源利用效率显得尤为重要。区域企业孵化网络科技资源配置效率的整体提升与发展后进地区的效率追赶俨然已成为管理者们进行企业孵化网络治理的首要目标。要使我国科技孵化水平在短期内快速赶超发达国家，当务之急是认真研究区域科技资源的配置现状并对配置效率进行科学的评价，从中找到企业孵化网络运行的问题所在并提出相应改进措施，使孵化产业落后区域优化孵化资源配置，破解孵化过程中的痛点和难点，紧跟孵化标杆区域，提升效率并与当地科技经济发展相耦合，促进区域经济发展。对以下问题的解答有助于我们研究的开展：企业孵化网络科技资源利用效率在我国形成怎样的分布和发展趋势？是何原因导致了区域发展的差异？效率变化和地区间差异背后真正的原因是什么？如何结合各地区的发展环境优化配置科技资源？基于此，本书从区域创新发展的背景出发，分析我国区域企业孵化网络的构成及网络内部科技资源配置机制；从空间分布、时间演化的视角来分析我国总体及各省域企业孵化网络的效率值及其变化指数，通过对各省市区环境影响因素的解读来寻找效率提升的对策，以期使区域企业孵化网络成为区域创新经济的有力配套系统，带动区域经济的健康发展。

1.1.2 研究意义

（1）理论意义

第一，将整体网络作为研究对象，拓宽了企业孵化领域的研究范围。我国的科技孵化器自诞生至今已有 30 余年的发展历史，以孵化器为资源配置核心的区域企业孵化网络作为区域技术创新网络的主要子网络，逐渐成为国家创新系统的重要组成部分。但长期以来，对企业孵化的研究主要集中在科技企业孵化器及孵化企业的微观角度，围绕科技企业孵化器定义、功能、系统、机制及创业企业行为模式等展开，而对区域企业孵化网络宏观治理却关注不足，很少有研究将孵化器网络作为区域创新研究对象来深入考察网络整体运作效率。而我们知道，仅仅关注网络内部组织个体间的互动，往往会夸大个体组织的重要性而忽略网络整体效果。对个体的过分关注难以从国家和区域宏观层面把握公共科技创新资源配置缺乏合理性、创业成果不高的实质性问题。在竞争加剧的市场中，整体效率的提升才能更好地对抗外来竞争对手。本书站在区域的高度研究资源配置效率差异的深层次原因，从而拓宽科技企业孵化领域的研究范围。

第二，从网络内部资源配置效率出发，丰富了企业孵化网络的研究视角。学者近几年来对孵化网络的研究略有增加，但多数为定性分析和理论探讨，尽管一些研究开始关注孵化网络的运行绩效，但从资源配置角度来评价其资源配置效率的成果少之又少。目前，关于科技企业孵化网络的研究文献多集中在运用复杂网络理论和博弈论视角解释企业孵化网络演化过程和运行机理，但从资源配置视角对区域企业孵化网络演化和发展进行理论讨论与实证检验的研究却寥若晨星。我们在强调区域创新实力和竞争潜力的同时，也需要对科技资源配置效率的评价和资源配置的优化给予充分关注，毕竟只有以效率的提升为前提和基础的创新力建设才具有可持续性，以促进经济和社会的长远发展。本书即从资源配置宏观战略高度研究区域科技企业孵化网络，并运用广义环境分析模型和社会网络理论对效率的影响机制进行研究，丰富了区域企业孵化网络的研究视角。

第三，将孵化科技资源独立出创新资源，细化了创新研究对象。当前，理论界对区域创新的研究大多集中于以高科技创新产业为主要载体并以广义的科技创新资源为研究对象，很少有将区域中企业孵化网络的孵化科技资源独立视作创新资源的一部分开展深入研究，将孵化科技资源的配置效率作为研究内容更是凤毛麟角。但是，理论上区域企业孵化网络是区域创新网络的重要组成部分，是区域培育创新人才和高科技创新企业、彰显区域创新能力的重要表征，因此，将区域企业孵化网络作为区域创新网络的子网络，研究我国目前区域企业孵化网络的科技资源配置效率对丰富区域创新资源理论和完善国家创新体系理论具有重要意义。

（2）实践意义

第一，区域企业孵化网络运作机制的分析为政府完善孵化产业政策提供参考。近年来，地方政府纷纷出台战略性孵化产业扶持政策，然而缺少了对地方资源禀赋与当地网络特征的深入分析而进行盲目投资建设，势必将造成发展模式雷同而资源严重浪费的后果。区域企业孵化网络是一个完整的系统，其演化与发展遵循系统的蜕变模式，通过建立区域企业孵化网络模型并分析其运作机制，有利于宏观管理部门转变服务职能，为区域制定科学的孵化评估体系并抵制粗放型资源管理引导模式，从整体上确立孵化产业建设的方向和发展模式，有步骤、有重点地提高科技企业孵化系统的管理水平和运行效率。

第二，区域孵化科技资源配置效率的评价为资源的宏观调配提供依据。科技资源是一个国家和地区发展的核心资源，科技资源配置是全社会资源配置的关键，因此具有战略重要地位。区域企业孵化网络科技资源配置要素主要有科技资金、科技人才和服务场所等，进行科技资源效率评价是优化资源配置的前提工作，但近年来学术界对资源配置效率的研究多集中于孵化器个体的讨论，孵化网络资源配置效率的研究尚处于起步阶段，指标设立、方法设计很少，对产业政策的制定与实施效果的评价指导作用甚微，在科技资源有限的今日，研究区域企业孵化网络指标体系和评价模型，掌握近年来各地区孵化活动的效率演变趋势，进一步合理配置科技资源以完成宏观调控，优化创新结构提供参考，进而指导孵化产业更快速健康地发展，为引导区域企业孵化网络走向有效治理提供现实指导。

第三，效率差异影响机制分析为区域企业孵化网络效率提升提供依据。中国区域经济发展面临的一个焦点问题是区域间水平不均衡且差异有拉大趋势。作为经济发展的源泉，创业创新受到越来越多的关注，因此，区域创业扶持的效率效果问题研究变得逐渐重要。本书通过对区域企业孵化网络科技资源配置效率影响因素的识别以及模型的实证检验，帮助区域更好地认知自身发展对创业网络的影响；通过对发达地区的成功经验讨论，使得区域科技企业孵化器明确其资源配置使命、创业企业有效利用科技资源，同时孵化器协会及政策制定者明确区域资源配置的机制，从而从宏观视角为人力、财力、物力资源的配置提供依据，为孵化效率的提升提供科学的实践依据，最终帮助区域企业孵化网络实现"激发创业热情，完善创业服务配套体系建设，提高小微企业成活率"的目标。

综上，区域企业孵化网络作为区域重要的创业培育网络，其科技资源配置效率的提升和差异研究对于区域经济发展和国家创新体系的构建和完善具有重大影响，对孵化网络演化具有重要的理论和实践意义。

1.2 研究内容与方法

1.2.1 研究内容

本书从企业孵化网络构成及科技资源配置效率内涵出发，综合运用全要素生产率理论、资源依赖理论和社会网络理论，遵循"理论分析—效率评价—效率提升"主线展开对我国区域企业孵化网络科技资源配置效率的研究。

（1）区域企业孵化网络科技资源配置理论分析

首先，对区域企业孵化网络构成进行深入分析。网络结点和结点间关系分析是社会网络分析的基本内容。从社会网络理论的嵌入视角分析孵化网络科技资源配置的主体结点，按照结点功能属性将网络结点分为五大类型：资源支配类结点、价值创造类结点、资金支持类结点、技术供应类结点和制度保障类结点，在此基础上剖析网络结点间关系，为进一步模型的构建提供基础理论依据。其次，提出科技资源配置二阶段理论模型。任何系统的资源配置都是在系统特定的运作机制下完成从投入到产出的过程。本书结合孵化网络科技资源特征和产出目标，基于区域企业孵化网络在创业扶持、增加就业与经济收益的社会期许，建立科技资源配置二阶段投入产出的理论模型。第一阶段为孵化资源获取阶段，孵化网络在该阶段投入最初级的科技人力、财力、物力资源，产出创业孵化基础成果；第二阶段为科技成果转化阶段，将第一阶段的孵化成果继续投入网络系统中最终产出社会维度及经济维度的创业成果，完成企业孵化网络扶持创业、增加就业、增强区域创新经济的使命。

（2）区域企业孵化网络科技资源配置效率评价

首先是静态效率评价。在科技资源配置二阶段理论模型的基础上，构建了效率评价的二阶段链式网络 SBM 模型，将中国 29 个省域孵化网络作为生产决策单元，分析历年来我国各省域企业孵化网络科技资源投入力度，运用数据包络分析方法（DEA）模型测算各省域网络 2008~2016 年年均科技资源配置整体效率和分阶段效率，并按照二阶段效率值将我国 29 个省域网络的效率划分为四个类型，计算各省域网络科技资源的投入冗余和产出不足值，同时进行资源优化的敏感度分析，为各省域的效率提升提供改进依据。其次是动态效率演化评价。仅通过平均效率的测算来反映区域企业孵化网络科技资源配置效率是远远不够的，一切事物的发展都将遵循一定的演化规律，因此进一步运用 Malmquist 指数模型探索科技资源配置效率的动态演化过程，从整体效率、分阶段效率来揭示我国各省域企业孵化网络科技资源配置效率的变化规律，并将效率变化指数分解为技术效率变化指数和技术进步指数，以期揭示效率变化的原因所在。

（3）区域间效率差异影响机理及提升路径分析

首先是效率差异影响机理分析。在科技资源配置过程中，很多内外部环境因素影响着资源配置投入产出效果，这些影响因素造成了不同地区间的效率差异。在这些因素的影响下，不同地区投入同样的科技资源却得到不同的产出量。如果说通过 DEA 进行效率的评价是将网络整体当作一个黑箱来比较系统整体科技资源配置的结果，那么对造成不同区域间效率差异的影响因素的识别则是对这一网络黑箱的进一步解构。企业孵化网络的区域间科技资源配置效率差异并非受某个单因素特征的影响，而是若干因素共同作用的结果。基于广义环境视角，从区域特征维度和网络结构维度分析企业孵化网络科技资源配置效率差异的影响机理。其次是高效资源配置路径分析。采用定性比较分析方法，将可能影响效率的七个因素作为条件变量，将各区域企业孵化网络的效率值作为结果变量，研究特定区域环境下匹配何种网络结构才能实现较高的资源配置效果，为进一步寻找效率提升路径提供依据。

1.2.2　研究方法

（1）文献推演及理论分析方法

充分收集、查阅国内外文献，掌握企业孵化网络研究基础理论及资源配置效率评价方法的前沿动态，结合中国情境分析区域企业孵化网络的内涵、特征及其科技资源配置的主、客体要素，提出资源配置二阶段理论模型；通过理论分析构建效率评价模型及指标体系，为进一步进行效率评价做出研究铺垫；通过广义环境理论剖析效率差异影响因素并分析其作用机理，为区域高效路径分析提供理论基础。

（2）数据包络分析方法

数据包络分析方法是对多个决策单元进行效率评价的有效方法，本书突破传统静态 DEA 分析范式，结合资源配置理论模型以及我国各省域企业孵化网络科技资源投入产出特征构建二阶段链式网络 SBM 效率评价模型，对我国各区域企业孵化网络科技资源配置总效率以及分阶段效率进行深入讨论并计算投入冗余和产出不足。此外，将 DEA 方法与 Malmquist 指数相结合，利用 Malmquist 指数模型讨论效率演化规律及变化原因，为效率提升路径分析提供测算依据。

（3）爬虫抓取和社会网络分析方法

企业孵化网络结构分析包括网络结构拓扑图绘制及结构参数计算两部分内容。在网络结点关系信息获取部分，本书运用爬虫抓取软件（Python 3.6）对 29 个省域的 354 家国家级孵化器网站及各省市区孵化协会网站源数据进行页面抓取，利用关键词搜索找出孵化网络中五类结点间联系并构建关系数据库。在此基础上，运用社会网络分析工具 Ucinet 软件进行 29 个省域孵化网络结构拓扑图的绘制和网络规模、网络密度和网络中心势指标的计算，为效率差异影响分析提供指标数据来源。

（4）定性比较分析（QCA）方法

定性比较分析是融合传统质化和量化分析方法的小样本分析方法。基于广义环境视角，从区域特征维度和网络结构维度共计七个影响因素（经济、社会、政策、地理环境特征、网络规模、密度及中心势因素）分析区域间效率差异影响机制。突破传统统计研究中因变量与自变量间呈对称关系的局限性，运用 QCA 方法构建区域间企业孵化网络高效资源配置路径，为处于不同区域环境中的网络提供普适性的高效路径建议。

1.3 主要工作和创新

1.3.1 主要工作

目前，我国企业孵化网络处于初期发展阶段，学术界对网络科技资源配置的效率提升与均衡发展研究关注不够。本书旨在研究我国各省域企业孵化网络科技资源配置效率情况及提升路径，所做工作主要有：

在理论研究方面，以企业孵化网络为研究对象，探索区域企业孵化网络边界，分析网络结点及结点间关系，建立科技资源配置理论模型。

在效率评价方面，构建我国区域企业孵化网络科技资源配置效率评价指标体系和评价模型，对 29 个省域网络效率进行纵横向比较。

在效率提升方面，分析造成区域间效率影响因素的作用机理并进行高效路径分析，为我国低效区域提升资源配置效率提供对策依据。

1.3.2 研究创新点

（1）从科技资源配置效率视角独创性地探索企业孵化网络绩效问题

如果说孵化科技资源的投入代表一个地区对孵化产业的重视程度，孵化科技产出反映地区孵化产业的发展水平，那么科技资源配置效率则更能体现该地区科技孵化能力。在我国市场与政府双重作用下，企业孵化网络已步入结点数量激增阶段，但由于目前我国孵化产业的科技资源尚不充裕，盲目增加资源配给是极不明智的做法。本书从区域科技孵化的投入产出效率视角来考察孵化活动的空间特性。在对企业孵化网络科技资源配置主、客体要素进行系统论证，为资源配置效率提升研究提供理论基础，从而为孵化网络绩效改善开辟新的研究视角。

(2) 测算出各区域整体孵化网络的科技资源配置效率

我国企业孵化网络在近五年来得到快速发展，但学术界对于区域网络建设情况目前鲜有实证的探索。我国区域间孵化科技资源配置能力存在显著差异且有逐年扩大的趋势，巨大的区域间差异对我国政令统一及创新经济均衡发展势必产生不利影响。本研究突破以往文献对组织间二元关系和个体网络的研究惯例，从整体网络视角系统构建了企业孵化网络科技资源配置模型和评价指标体系，基于省域经验面板数据首次测算了 29 个省域企业孵化网络科技资源配置效率及其演化过程，弥补了当前企业孵化网络效率研究不足问题，为提升我国企业孵化网络科技资源配置整体效率并缩小区域间差异提供参考依据。

(3) 系统分析了效率差异影响因素及其交叉作用机理

本研究突破以往学者单因素线性分析的效率影响研究范式，立足于广义环境视角分析效率差异影响因素的交叉作用机理。具体来讲，从区域环境特征和网络结构特征两大维度出发研究经济发展、社会环境、政策支持、区位优势、网络规模、网络密度和网络中心势七大因素的交叉作用机制，帮助区域寻找在不同环境特征下网络结构的匹配路径，为我国各级政府和企业孵化网络结点成员在区域乃至全国范围内进行科技资源配置实践提供理论参考。

(4) 首次构建了区域企业孵化网络结点关系数据库

不同于传统的关注二元关系的个体网络研究，本书研究以区域整体孵化网络为对象来研究科技资源配置效率。由于分析单位由结点变成了网络，因此需要利用大量的网络来寻找一般化的发展规律。这就意味着研究者需要使用更多个不同网络的个体组织来获取数据，这是一项较为艰难的工作。本研究通过网络爬虫数据采集方法首次建立区域内部组织间网络关系数据库并绘制29个省域网络结构拓扑图，从而创建体现企业孵化网络结构的一手资料，在此基础上计算得出每个网络的结构指标，为企业孵化网络的进一步研究提供了有力的数据支撑。

1.4 研究思路

首先，在收集和分析企业孵化网络科技资源配置效率相关文献和基础理论的基础上，给出中国情境下区域企业孵化网络的内涵、构成及特征，阐述区域企业孵化网络结点及关系、科技资源配置客体及配置原则，提出区域企业孵化网络科技资源配置理论模型。其次，在全要素生产效率理论基础上构建投入产出指标体系和网络SBM效率评价模型，分析我国各个省域企业孵化网络科技资源配置效率的时空演化，为效率提升及区域间平衡发展提供参考。最后，找出效率影响因素并分析作用机制，运用QCA方法做出高效路径分析。研究技术路线如图1-1所示。

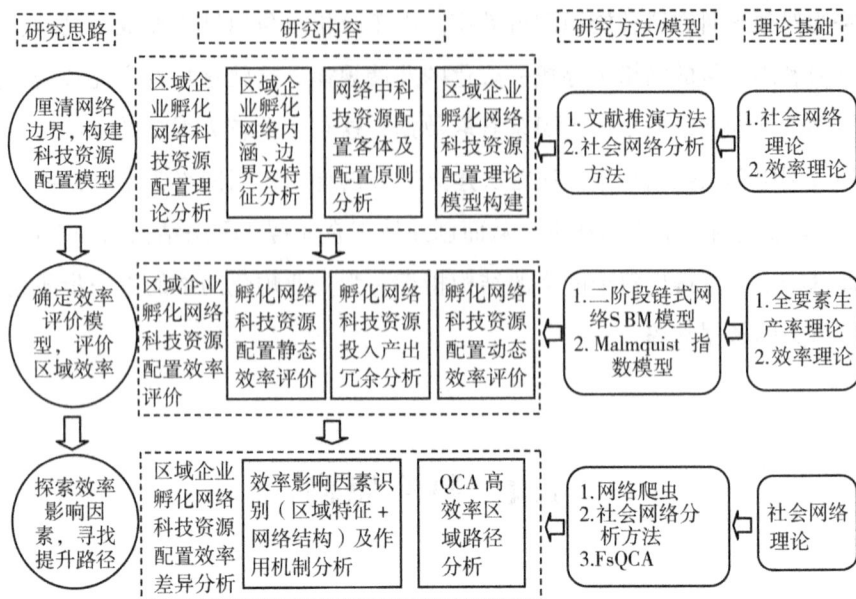

图 1-1　研究技术路线

1.5　本章小结

首先，在对研究背景进行深入挖掘的基础上指出区域企业孵化网络科技资源配置效率研究的理论意义和实践意义；其次，总结本书的研究内容和研究方法，指出所做的主要工作和创新点；最后，论述了研究思路并绘制了技术路线图。

2 研究现状与理论基础

对企业孵化网络、科技资源配置效率及其影响因素的相关研究文献进行归纳梳理，同时结合企业孵化网络特点对本研究主要依附的三个相关理论（全要素生产率理论、社会网络理论和资源依赖理论）进行综合阐述，为后续理论模型的构建和效率评价研究提供扎实的理论铺垫。

2.1 国内外研究现状

2.1.1 企业孵化网络研究

（1）企业孵化网络概念及构成

在过去50年内，全球科技企业孵化器数量已突破7000家，并改变了其最初的模式形态，孵化器近年来已成为一个包含提供办公空间和共享行政服务的组织的涵盖性术语。广义上的孵化器包括研究园（Kang，2014）、科学园（Diez & Montoro，2017）、知识园、众创空间以及商业加速器（Pauwels et al.，2016）等机构。Hackett 和 Dilts（2004）扩展了孵化器内涵，将社会网络、孵化器、创业企业、孵化过程均纳入孵化器概念体系，首次提出孵化器本身兼具网络性质。近年来研究表明，成功的孵化器最重要的职能就是网络化（Ebbers，2014），网络化的孵化器比前几代孵化器对初创企业的业绩帮助更加显著（Eveleens et al.，2017）。通过网络孵化器搭建起来的资源共享平台，地方政府、科研机构、创投及其他中介机构建立了广泛的连接关系，从而得到服务（Malek et al.，2014）、资金（Rijnsoever et al.，2017）、研发、知识（Khorsheed & Fawzan，2014）、社交（Eveleens et al.，2017）等资源支持，并依靠信誉机制和市场机制进行调节（Pauwels et al.，2016）。

企业孵化网络的概念源自 Hansen 等（2000）提出的"网络型孵化器"，他们认为作为当今社会的一种新型组织，网络型孵化器可有效利用规模经济和范围经济，因此能够凭借其建立的资源平台为创业企业提供一种成长支持性网络。这个支持性网络服务对象是科技型中小企业（王国红等，2007）。进一步地，企业孵化网络被越来越多的学者提及且内涵得到了扩充。Giaretta（2014）和 Ebbers（2014）认为，企业孵化网络由内部网络和外部网络构成，是在一定地域范围内所有相互联系的孵化器、在孵企业、政府、孵化器协会、科研机构、大学及创投机构通过作为连接器的孵化平台实现信息、技术、资源共享和利用，以使创业资源得到合理配置从而帮助新创企业存活和成长的联盟。此外，企业孵化网络也相应增加了企业间的社会资本（Cooper et al.，2012）。从微观上讲，企业孵化网络有助于创业者从网络关系中获取情绪支持（Cooper et al.，2012），创业企业获取社会资本（Diez & Montoro，2014）并降低创业和投资的风险（McAdam & Marlow，2011），从而有助于企业寻找到创新机会进而保持创业活动的持续性和保证创业的成功率。由于创业者能够从孵化器建立的资源网络中获得创业风险的支援，进而增强合作意识并保持业务关系（Somsuk & Laosirihongthong，2014），因此，孵化网络化能促进在孵企业间和在孵企业与其他组织建立技术、人才和市场合作关系，进而产生孵化产业协同作用（Eveleens et al.，2017）。

学术界对企业孵化网络构成与类型相继展开讨论。企业孵化网络的多层次结构已逐渐受到学者们的认可。蒋仁国、张旻和张宝剑（2011）指出，企业孵化网络主要是通过空间扩展、合作延伸、专业技术网络的互动等而构建的多层次网络。Li、Wang 和 Wu（2017）认为，在这个网络中，主要包含有孵化器彼此之间的网络以及孵化器和外部机构形成的网络两个层次。孵化器、创业企业和创投机构是网络中当之无愧的主角，充当了吸引众多科技新创企业入网的主要力量（黄紫微和刘伟，2015），通过建立一种吸引机制来吸引众多最有可能成功的优质创业企业进入孵化网络（Mian et al.，2016），例如提供的服务、R&D 支持和知识资源（Malek et al.，2014）。Elitzur 和 Gavious（2003）认为，在孵化网络中在孵企业、科技企业孵化器和创投机构是主体，因为它们之间资金和资源的流动性较强且在地理位置上相对集中。

（2）区域企业孵化网络研究

"在一个没有空间维度的地方"进行研究是区域科学之父 Lsard 于 1956 年对主流经济学的批评。之后，法国学者 Camagni 和 Olivier 指出，创新网络具有地域特性。随着全球范围内资源争夺的日趋严重化和创新的不确定性加剧，越来越多的学者认识到区域研究的重要性，他们认为国家层面对于创新的影响正逐步趋于衰减态势，而区域内部的创新活动因更加可控且对区域经济发展有着巨大的推进作用。区域企业孵化网络的研究是区域理论中经演化而分离出来的一个新兴领域。随着实践的开展，区域企业孵化网络的概念随即被提出。在当今社会，不同城市、不同省份甚至不同国家间科技企业孵化器都在积极寻求资源共享，通过合作交流以提升竞争力，区域企业孵化网络由此产生（李振华等，2016）。在区域孵化网络的早期认知中，Allen 和 Mccluskey 等（1990）通过多年来对孵化器的持续观察后指出初创企业及孵化器的成功率受孵化器的经营时间、其他参与机构数量与参与时间的显著影响，因此，研究孵化器对地方经济、社会的辅助功能应该扩展到区域网络范围。在孵化器主导下，入孵企业及各支持组织间相互联结构成一个具有商业指导的小型网络，一个区域内众多孵化器通过信息平台构成一个区域孵化网络，共同为区域创业提供有力支持（李振华和李赋薇，2018）。这里的区域从地理分布角度来讲，包括单地区网络、跨地区网络、国家网络及国际网络四个层次（陈健，2004）。

伴随着我国众多城市 2004 年起以整合区域内部孵化资源为目的的区域孵

化器协会的相继建立，王会龙和池仁勇（2004）也较早提出区域科技孵化网络的概念，指出孵化要素在其固定的角色要素下构建区域企业孵化网络，区域内部创新要素在以孵化器为中心的平台频繁流动，有利于充分利用区域资源、发挥区域创新主体的能动性，更好地推动区域技术创新系统的发展。作为国家孵化网络的重要组成部分，区域企业孵化网络已成为创业企业资金筹集、技术支持、成果转换、行业资源、政策资源的支持系统，在区域充当创新系统的强有力后盾，因此也成为区域经济社会可持续发展和区域创新的助推器。企业孵化网络依托当地科技、人才及产业资源优势，形成创新资源集聚和创业生态环境，吸引众多新创高科技企业进行信息交换、经验分享及业务合作，科研、生产和经营活动，在以孵化器为主导的体系中完成科技资源的互补从而实现合理配置，促进地方经济的发展（邹伟进和郑凌云，2010）。王国红等（2007）通过对区域企业孵化网络的结点类型、联结模式和运营管理的描述构建了网络理论模型。

2.1.2　科技资源配置效率研究

（1）科技资源

资源是生产过程中所使用的投入，其相对稀缺性是经济活动研究的基本前提。科技资源是创造科技成果并促进经济与社会发展的"第一资源"，是区域创新资源的重要组成部分，是创造科技成果进而推动整个经济和社会发展的要素的集合（范雯等，2012）。其投入的数量与质量是一个国家创新能力的重要基础，从根本上决定着这个国家的创新水平和绩效（范雯等，2016），因此科技资源是各国或地区发展进步所依赖的处于主导地位的重要战略资源，它对社会经济发展贡献巨大。通过科技资源间彼此协调合作，系统才能发挥其整体功能，维系科技活动，而任何一类资源的短缺都将导致系统整体功能的失调（昌永岗和穆美丽，2015）。

对于科技资源的分类，学术界主要从狭义和广义视角来进行划分：一般从狭义角度来讲，科技资源主要包括人力资源和财力资源，这两大资源是科技生产的一种最基本投入。从广义上讲，科技资源是当今社会开展科技活动最为基本的资源，是能够维持科技创新、推动科技进步从而促进经济和社会发展的资源要素集合，因此直接影响科技进步和发展的自然资源和社会资源都可归类为科技资源，具体来讲有人力资源、实物资源、资金资源、信息资源以及制度资源等。刘玲利（2007）综合权威文献对科技资源要素做了一个全面而详尽的分类，她认为科技资源要素应包括科技人力资源、科技财力资源、科技物力资源、科技信息资源、科技市场资源、科技制度资源和科技文化资源，该分类研究几乎囊括了所有的科技资源。

（2）科技资源配置研究

首先是科技资源配置概念。资源配置问题一直以来是经济学家和管理学家关注的重要内容，科技资源配置是指在经济生产中，科技资源的主体根据实际需求和发展需要将人力、物力、财力资源在各种使用方向中按照特定的程序分配到特定对象，再将资源的稀缺性作为基本假设，立足于实现用最少的资源产出尽可能多的产出（宋清，2013），其目的是达到系统资源最优利用。从广义上讲，科技资源配置是全社会范围内促进科技与经济协调发展的动态优化过程，是科技资源在不同时空上的分配和运用（高军等，2018）。在此过程中，主体机构将各类科技资源配置于创新资源承接者的一系列活动（贾钢涛和陈鑫，2014）。周伟（2014）全面定义了科技资源配置，将其划分为微观、中观和宏观层面，微观层面的科技资源配置聚焦于某一科技活动主体，中观层面侧重于某地区或部门的科技资源配置，宏观层面则涵盖全社会不同的资源配置主体与科技创新活动过程、各类学科领域、行业、地区或部门之间的资源配置问题。

其次是企业孵化网络科技资源配置研究。企业孵化网络是一个对资源和能力投入产出的创新组合系统，网络中科技资源配置是指各科技投入要素在网络中各主体间的分配和利用（李振华等，2016），网络成员在系统内部共享信息、技术、设备等资源以助创业企业弥补自身资源的不足（Pettersen et al.，2016）。科技孵化资源配置分为宏观、中观及微观三个层次（Li &

Chu，2017），宏观、中观上的孵化资源配置处于较高层次，指社会孵化资源在不同层级、部门、领域内的分配，目标是要使科技资源在全社会范围实现合理配置，微观上的孵化资源配置处于较低层次，一般是指某一主体（如孵化器）对网络中科技资源的配置，以辅助在孵企业高效产出科技成果。孵化器与内外围机构间的网络联结有利于资金、技术、信息等资源向最需要的地方流动，实现资源的有效配置。在区域孵化网络内，组织间通过契约或交易手段实现资源的优化利用来提高效率，其理想状态是实现资源配置的帕累托最优（胡海青等，2015）。然而，孵化资源配置过程中常常出现同一系统内资源闲置与资源紧缺并存的现象，由于缺乏资源调配机制而使得资源流动性差，配置效率严重低下。

（3）科技资源配置效率研究

效率在经济管理领域中是指组织的各种投入与产出间的比率关系，反映的是资源在配置过程中的利用效果。为提升经济增长质量及国家竞争力，科技资源配置效率受到了高度重视（Li & Chu，2017）。在实践中，资本主义国家和社会主义国家的经济体制改革均是围绕资源如何重新配置而实现效率的最大化而进行的，因为只有效率最大化的资源配置才能有效地推进经济增长。

从宏观上来讲，产业的效率状况是产业竞争力的体现，其效率的提高对优化产业配置起到关键作用。区域孵化网络作为区域创新体系的重要组成部分，可视作一个典型的产业化组织（毕可佳等，2016）。另外，孵化产业通过整合与利用网络中社会科技资源以满足创业企业的需求，最终实现社会创业效率的提升（Fernandes et al.，2017），因此企业孵化网络运作的有效性很大程度上可以是网络内部资源配置的有效性。在创业意识丰富而创业科技资源短缺的当今社会，孵化科技资源的优化对创新创业系统的完善有着重要的意义，因此从宏观视角的网络资源配置维度分析企业孵化网络运行情况是非常有必要的（Sunga et al.，2003），孵化科技资源配置的有效性主要由孵化网络中科技资源投入产出的效率来体现，效率研究在孵化资源配置研究中应占据基础研究的地位（宋清，2013），其评价结果有助于网络中孵化科技资源投入产出结构和数量的改进。研究科技孵化网络效率有利于实践者及时发现网络运行中的问题所在并进一步实施优化，促进创业企业的集聚，从长远来看有利于区域经济的持续发展（马梦月，2014）。

近年来，学术界对企业孵化网络运行效率和资源配置效率的关注日渐增多（胡海青等，2015）。目前学术界在孵化运行效率的研究方面多侧重于对孵化网络效率内涵及评价指标体系的讨论（李振华等，2014）。孙国强（2001）认为，网络组织的绩效是组织个体结点通过协同互动在一定时间内所创造的价值之和，网络组织的效率应从结点和网络整体来进行多方考察。Cobo 等（2015）使用定性比较分析方法对孵化平台网络生产服务指标进行了测算，研究显示该指标可以有效地区别平台网络的运行效率。邹伟进和郑凌云（2010）强调在区域孵化网络资源配置优化实践中，网络治理和结构优化有助于引导孵化网络从无序和非均衡走向有序和均衡态，最终实现效率最大化。孵化网络的效率强调的是以创新孵化为导向，以技术创新为核心，在孵化平台整合资本、信息、政策、技术资源，实现网络内部资源的优化配置（张波，2010）。因此，孵化网络除了具备一般网络组织的契约属性，更重要的是具备资源组合属性和能力组合属性，网络中的孵化器对分布于系统中的资源和能力进行重新整合，以促使其得到最优配置。

在效率指标体系构建方面，刘丙泉等（2008）通过理论构建得出区域孵化网络绩效评价指标体系，主要指标包括公共信息服务平台性能维度、资源共享和沟通能力维度以及孵化网络核心竞争力维度。在效率测算方面，孵化器效率在国外的研究中以孵化器商业模式创新与社会创业的基础上融入社会网络及社会资本思想的成果。社会资本与管理模式不同的孵化器产生的创新类型有较大差异，因此孵化器不能以一成不变的发展模式嵌入当今社会，否则孵化效率将面临日益下降的威胁（Patton et al.，2009）。Sá 和 Lee（2012）认为，孵化器可以通过制定其战略和服务模式来增加在孵企业的回报率。我国学者对单个孵化器的效率测算和个别区域孵化器的运行效率测度方面取得了一些成果。近年来，我国孵化器因创业需求的变化所引致的模式创新更加注重技术和资本市场的运作形式，推动了孵化器效率的提升（黄紫微和刘伟，2015）。张震宇和史本山（2007）研究发现，倘若每个孵化器都追求高回报，最终孵化器反而会出现产出与投入比下降的趋势。王熹（2011）指出网络组织运行效率侧重于将研究客体定位为网络整体，考察其在运作过程中对资源的配置和利用的有效程度。而一些孵化网络由于资源调配机制不完善而导致资源流动性差，因此系统中常常出现资源闲置与资源紧缺并存的现象，配置效率严重低下。

2.1.3　科技资源配置效率影响研究

区域中的环境因素共同影响着其创新系统的发展（Li & Simerly，2015）。近年来学术界对于科技资源配置效率的影响因素研究视角主要包括单因素影响与多因素影响两种分类。在单因素影响研究中，网络特征对效率的影响及政府政策对效率的影响占多数；多因素影响主要包括一系列宏观环境因子对效率的影响。

（1）网络对效率的影响研究

区域企业孵化网络发展壮大的内生力量是网络自身的结构、创业氛围、资源的配置质量等内部运作因素（马梦月，2014）。Albort 和 Ribeiro（2016）指出科技企业孵化器的发展离不开社会网络。Diez 和 Montoro（2017）认为，孵化网络中在孵企业与研究机构间的频繁互动的合作关系是整个网络取得成功的关键。Kajikawa 等（2008）通过对日本 Yamagata 地区的创新网络资源配置规律的研究发现，网络中创新个体更加青睐基础设施优质的地点，另外网络中个体越密集，区域网络内部知识和资源共享越容易。Ziao（2017）认为在环境约束下，组织创新效率受组织规模的正向影响。Hansen 等（2000）从孵化器服务网络支持密度的视角来研究，有效论证了网络密度对孵化器发展起关键作用，并运用实证方法验证了网络密度对创新绩效具有正向影响，网络结构研究由此得到了拓展和深化。他们发现，创业强度、规模经济和范围经济以及网络设计都是影响孵化成功的重要因素。但网络结构的研究文献仍很少从网络层面审视结构特征，仅仅从网络的分类角度提出对绩效的影响，研究尚待深入展开。现有研究从网络结构、节点行为和网络产出三个方面着手，构建地方孵化网络绩效指标评价体系并对其进行评价测算（王艺博，2013）。Happer 和 David（2017）认为影响孵化结果的主要因素包括：孵化器和在孵企业的合作模式、孵化强度和孵化时机，只有当孵化器和在孵企业之间具备良好的合作关系时，才能实现合作双方互利共赢的目标。Bøllingtoft 和 Ulhøi（2005）以社会资本和网络组织为理论基础，从区域协同、地理上的临近性、关系互补和规模经济等角度出发，研究单个孵化器网络化发展的影响因素和运行机制，Díez 和 Montoro（2014）以及李振华、赵敏如和王佳硕（2016）同样从社会资本视角研究组织的网络行为对其网络竞争力的影响。Mian 等（2016）认为利益相关者通过资源依赖关系来影响孵化绩效。张涵（2014）认为网络关系结构、成员行为和资源协调互补是内部因素，通过增强科技企业孵化网络的韧性和强度促进网络演化。李振华和李赋薇（2018）指出，孵化网络的关系持久度和关系强度对孵化网络绩效有正向影响。同样地，李浩等（2018）认为关系治理机制对孵化网络绩效有正向作用。

（2）宏观环境对效率的影响研究

欧洲创新小组（GREMI）于 1989 年指出由于开放的组织与环境时刻发生着能量、物质与信息的交换，因此环境对于组织资源配置效率有着直接深入的影响，是区域创新体系的重要组成部分，研究制度、市场、技术、文化等环境对创新体系的影响有助于提升组织的资源配置效率。张涵（2014）认为，网络所处环境是外部影响因素，对网络的演化起着调节作用。同样有学者证实了环境规制强度对区域创新效率的正向影响（韩晶等，2013）。Deng 等（2013）通过实证研究发现区域环境既可以影响孵化器的战略目标，也对资源配置质量产生影响，并论证了集群网络绩效提升是一个受到政治、经济、社会、文化等众多因素影响的综合经济现象。梅姝娥（2015）构建的科技资源配置效率指标体系包含经济发展水平、经济开放程度、财政科技支持、能耗水平、财政教育支持强度、信息化水平、高等教育发展水平及高新技术产业发展水平等维度。杨凤鸣（2014）的资源配置体系影响因素包括外部环境变量、产业结构调整、教育投入水平、外资依存度、开放程度等维度。田增瑞等（2019）以政府支持作为门限变量研究政府对孵化产业的影响，认为政府支持负向调节孵化产业协同度与区域创新间的关系。孟卫东（2013）认为，区域开放程度、产学研结合水平、区域经济发展水平、政府科技投入水平、高技术产业发展、科技机构发展和企业科技创新投入水平维度是科技资源配置效率的主要影响因素。马梦月（2014）指出区域孵化网络所处的外部环境是网络得以成长和发展的保障，其外部环境主要包含企业孵化器及在孵企业所处的产业环境、社会经济发展程度。Leoncini（1998）验证了管理制度和政策体系通过影响技术演进过程而影响科技资源配置路径。Athreye（2001）通过对剑桥和硅谷两地孵化网络的研究发现二者区域环境极其相似，但二者产业发展效果却相差甚远：硅谷的 GDP 将近剑桥的 6 倍，人均工资为剑桥的 1.5 倍，且出现了著名的 Oricle、Intel、Apple、Sisco 等科技公司，而导致差异如此巨大的原因则是政策影响。Atkinson 和 Blanpied（2008）研究了在孵化创新网络中政府的创新投入对区域创新水平的影响，研究发现美国大学科研水平较高的一个重要原因并非政府对大学投入大量资金，而是政府一直大力推行的"校—企"联合科研模式起到重要作用。彭华涛（2006）指出，区域科技资源配置效率低下的原因为政府固有的弱性膨胀以及信息的不对称。

2.1.4　文献述评

上述文献梳理表明，中外学者在企业孵化网络内涵与科技资源配置效率的研究方面均已取得一系列重要的研究成果，为网络内孵化科技资源优化配置的研究奠定了一定的基础。但由于区域企业孵化网络是区域技术创新网络的子网络（Ebbers，2014），尚属于 21 世纪的新生事物，因此针对其整体网络科技资源配置效率的研究并不多见。

（1）研究视角方面，中观层面的孵化科技资源配置研究成果不足

西方学者普遍关注国家科技政策、科技计划参与科技资源配置的宏观层面和以企业为主体的微观层面，即关于典型国家的比较研究、科技管理体制与机制研究较多，创新组织个体行为的资源配置效率研究较多，而中观层面尤其是区域层面的研究较少。原因在于发达国家的市场经济中企业已成为研发、生产活动的主体，其活动能够代表国家的创新能力和生产能力，对于政府的依赖逐渐减少。而我国目前科技创新水平仍相对落后，很多企业个体难以独立完成研发创新活动，很大程度上需要高校、科研院所及其他企业在政府政策指引下大力配合。我国企业主体间普遍存在的弱连接关系使科技研发及成果转化活动在资源配置过程中受到阻碍，另外各省域企业孵化网络发展差异较大，但是形成差异的理论挖掘并未做出系统研究，关于孵化科技资源的定量研究多为网络组织个体效率和整体绩效的讨论，而从区域孵化网络整体出发研究在协同作用下的科技资源配置效率的成果却凤毛麟角。由于区域研究是联结国家宏观研究与组织微观研究的桥梁，因此以各省域为单位的区域企业孵化网络显得尤为必要。有鉴于此，立足于中观视角对区域孵化资源配置效率及差异机制进行研究，为提高我国区域科技孵化资源配置效率、提升区域创新能力及经济发展水平提供了一定的思路。

（2）理论研究方面，基于要素投入的孵化网络科技资源配置机制研究相对缺乏

相对于区域创新网络，国内外学者对其子网络——区域孵化网络的关注不足，缺乏对其资源配置效率的系统性研究。这将对孵化产业研究工作的进一步深化造成阻碍。企业孵化器并非单纯提供办公场所，目的在于通过一系列科技资源配给、创业活动咨询等帮助创业者成功创业。在实践中，我国区域孵化网络内创业科技人员、技术、资金等科技资源的配置主要通过孵化器作为主要平台，资源配置效率普遍低下，而目前的研究尚缺乏对其原因的深入探讨，仅有的也只限于对网络中不同群体如孵化器、在孵企业、创投机构、中介机构、政府、科研机构等的内外部运行机制及其相互作用的研究，古典

研究视角导致机制研究方法无法对区域孵化网络中资源配置的非线性关系给予实证的支持或辩驳，进而对于资源投入产出黑箱的运作缺乏进一步的探索，因此区域企业孵化网络科技资源配置的实践急需理论的指导。把区域企业孵化网络作为研究对象，从科技资源配置投入视角出发探讨资源配置机制，进一步完善孵化理论框架和资源配置主体间关系，帮助创业者提高创业成功率，为区域创新理论和实践提供参考。

（3）实证研究方面，高质量的定量研究较为欠缺

区域孵化网络研究工作目前集中在孵化网络的定性描述或个体组织绩效评价，而对于依赖多种成熟理论进行研究方法的整合和进行区域科技资源配置情况的全面量化比较成为下一步研究的重点。目前国内外关于孵化网络的研究往往侧重于网络自身发展模式、政策制定、运作机理等方面，而在孵化科技资源配置与评估方面尚未提出一套完全令人信服的指标体系和核算方法。但孵化网络中无论是科技人力、财力抑或是设备资源，其配置效率直接关系到孵化网络可持续发展及区域竞争力，因此效率的评价既有理论意义又有实践价值。目前关于区域科技创新要素配置效率的评价方法种类繁多，而不同的评价方法将导致不同的评价结论，以至难以对区域效率做出正确判断。另外，关于资源配置效率的测算大多为静态时点研究，虽然可横向比较区域相对效率水平，但仅从某一时点对孵化网络资源配置效率进行评估未免有失偏颇，无法从时间上纵观其演化规律，从而无法解释影响资源配置效率改变的环境推动因素。本书从区域孵化网络资源配置的动态变化着手研究区域投入的空间差异，并对效率的时空演化规律进行研究，弥补当前效率评估的横向片面性，为提升我国孵化网络科技资源产出整体效率和缩小区域间差异提供理论依据。

（4）企业孵化网络资源配置效率区域间差异形成机理分析不足

区域企业孵化网络是一个创新科技资源投入产出的复杂系统，其资源配置的效率值由系统内部投入产出要素测算，但受到系统外部环境因素的影响，那么因素组合是怎样对效率差异产生决定作用的？哪些因素促进或阻碍着效

率的提升？学术界对于影响科技资源配置效率差异的因素研究侧重点各不相同，但大体可归结为两类：系统所嵌入的环境与自身特征的差异。环境是存在于系统之外的物质、能量、信息等事物的总称，孵化网络的环境是指网络所嵌入的政策、经济、文化、技术等环境。对于网络特征的研究，学者们主要依据社会网络理论展开整体网络结构的指标研究，但基于网络结构视角来思考其对于整体网络的影响研究明显不够，此外，孵化网络结构特征的界定及其对孵化网络资源配置效率影响的实证研究相对缺乏。由此可见，跨学科、跨角度构建中国情境下区域孵化网络资源配置影响指标体系并研究内部机制将成为后续研究的主要方向，本书从区域特征及网络结构两个维度研究区域间企业孵化网络科技资源配置效率差异的影响机制，为区域提升效率和减少区域间效率差异提供了理论参考。

2.2　相关理论基础

2.2.1　全要素生产率理论

马克思指出生产率是生产活动在一定时间内的效率，包括劳动力、资本、固定资产等资源开发利用的效率。作为评价技术进步对经济发展作用程度的指标，生产率可表述为一国或地区总产出与总投入之比，研究生产率已成为寻找经济增长源泉和衡量经济增长质量的重要途径。生产率的定量测算首先源于 Cobb-Donglas 生产函数的研究，之后经济学家 Abramovitz 指出，除生产要素增长外还有其他因素导致产出增加，Solow（1957）认为，这个"其他因素"正是技术变化，也即索洛余值或称技术进步[①]。生产率根据投入要素的

---

① 美国经济学家 Solow 于 1957 年发表的《技术进步与总量生产函数》第一次将技术进步纳入经济增长模型，开启了全要素生产率的研究。

不同分为单要素生产率和全要素生产率，分别指某一特定时间内产出量与特定要素投入量之比值和总产出量与全部要素投入量之比值，全要素生产率为现阶段研究的主流对象。

（1）概念界定及内涵研究

全要素生产率（Total Factor Productivity，TFP）是在单要素生产率的基础上提出的，测量的产出效率对象包含了资本、劳动、能源等全部要素。综合前人研究成果，全要素生产率可被定义为经济产出中去除资本、劳动等投入要素贡献后的生产率，其提升来自技术进步和效率提升的程度，反映的是经济增长的质量。由于经济增长的贡献除要素投入外还有技术进步和效率改进，全要素生产率能够刻画经济活动的整体效率，为对驱动经济增长的效率因素的分解提供了可能。在市场出清条件下生产达到帕累托最优，经济组织利用全部投入要素实现最佳规模报酬，此时全要素生产率能够衡量扣除了投入要素之后的工艺改善、引入新发明的技术进步贡献率。然而在实际生产中，经济组织常常受管理能力、企业规模和现行体制的制约而不能充分利用全部投入资源，故全要素生产率测量的经济增长是由包含了技术进步、管理效率提升和制度创新等因素在内的广义技术进步引起的。全要素生产率中的技术进步是指运用于组织生产的新技术与发明创造，效率提升是指由于组织自身因体制机制或管理生产而实现的产出投入比率提高，包含两部分内容，一是指因达到最佳生产规模的规模经济效率提升，二是指因组织管理创新而达到的技术效率提升。

（2）理论分支及其发展

全要素生产率研究主要是在三种生产函数的基础上构建而成的，三种基础生产函数分别是新古典生产函数、超对数生产函数和前沿生产函数，Solow、Jorgenson 和 Farrell 分别为其理论的主要贡献者。

基于前两种生产函数的全要素生产率因存在假设偏离实际问题而理论进展较为缓慢。一是基于新古典生产函数的研究。Solow 于 1957 年在新古典生产函数基础上提出了全要素生产率增长率残值法，提出全要素生产率增长是指总产出贡献中扣除掉资本和劳动产出贡献后的余值（Solow 余值）。由于在市场出清的假设条件下投入资源获得了最佳使用，因此该余值被赋予了技术进步所代表的全要素生产率的含义。然而在实际中假设往往是不成立的，市场出清假设并不总能够得到满足，故实际测算的 Solow 余值包含了规模效应等更多内涵。二是基于超对数生产函数的研究。基于超对数生产函数的模型是在生产者均衡的假设下构建的，经推导所得的全要素生产率包含了要素增进型技术进步和希克斯中性技术进步。Jorgenson 具体测算了部门和总量两个层次的全要素生产率，并对投入产出数据进行了精确计算，该模型可以对经济增长来源进行分解，且结果比新古典生产函数计算精度更高。然而超对数生产函数的生产者均衡假定仍与现实相差太远，偏离了真实全要素生产率的内涵。由此可见，以上两种基于特定生产函数的全要素生产率测算方式由于理论假设过于苛刻而不能测算出准确的全要素生产率。

基于有效前沿生产函数的研究正是在新古典生产函数和超对数生产函数之后的一个重大突破，该函数是全要素生产率理论的深化与提高，由于其精确的测算精度和对生产函数选择的无约束性，自其提出以来便深得学者推崇，近几十年来方法得到了长足的发展并趋于完善。Farrell 于 1957 年提出技术效率是指产出一定时生产所需最小成本与实际成本之比，并率先提出技术效率的生产前沿测算方法，该方法为后续全要素生产率的研究做出较大理论贡献。同时，Farrell 首次提出前沿生产函数，并指出将给定投入要素进行最优组合，从而得到的最优产出即为帕累托最优状态，这个最优配置面即为前沿生产面，实际产出与最优产出的比率则为生产综合效率。随后学者相继提出随机前沿生产模型和数据包络分析模型，并将综合效率进一步分解为技术效率和规模效率。然而，上述静态模型对效率的测算与分解无法体现动态均衡下技术进步对全要素生产率的影响，而随机前沿生产函数时间趋势模型和 Malmquist 生产率指数模型、动态网络 DEA 模型则较好地实现了效率指数的动态分离。在全要素生产率实证研究中，随机前沿生产函数和数据包络分析方法因其模型设立简单、测算结果误差较小而在全要素生产率测算中均得到了长足的发展，在经济学和管理学研究中受到学者们广泛青睐。

（3）在企业孵化网络科技资源配置效率研究中的适用性

在企业孵化网络中，科技资源是进行创新孵化的物质基础，科技资源配置目标是在宏观上搭建资源调集平台以尽可能减少科技创新资源的闲置（例如避免优质创业项目资金短缺与创投公司资金闲置共存现象），通过调整资源的投入组合结构，使创新主体在资源有限的条件下尽可能多地实现社会效益和经济效益。对于企业孵化网络的孵化过程就是网络主体结点投入各种资源，经过孵化器协调配置与创业者的努力，培育出具有成熟产品和适应市场竞争的企业，同时为社会提供大量科技就业岗位和客观的经济效益。因此企业孵化网络的科技资源配置效率评价就是测量其在一定生产力水平下投入转化为产出的效率状况，是产出与投入的比值，体现了区域高科技孵化网络的整体产出能力，同时也代表着一个区域创新能力的强弱（肖泽磊，2010）。本书的科技资源配置效率是指从宏观运行视角来讨论网络中各结点投入要素经过一定运行时间后获得产出的经济效率，也即孵化网络的全要素生产率。

若在网络中体现出用较少的投入得到较高的产出，则这样的网络资源配置即是高效率的；相反，若网络中投入一定而产出距生产前沿面越远则效率越低。首先从投入方面来看，倘若在网络中其他投入和产出不变的情况下某一投入数量可以减少，则该孵化系统目前是无效的。其次从产出角度来看，倘若在孵化网络中其他产出和投入不变的情况下某一产出可以增加，则该孵化系统目前也是无效的，其效率值小于1。这两种情况下孵化网络可以通过改善管理、引进技术、购买先进设备等措施减少投入或增加产出以提高网络中科技资源的配置效率。而当一个孵化网络既不出现第一种情况也不出现第二种情况时，则将该网络视作评价单元中最有效率的个体，其效率值为1。

2.2.2　社会网络理论

社会网络研究不同于实体论研究范式，后者将社会事物或现象视为研究对象，而社会网络研究侧重于实体间关系，从网络角度对个体间关系及整体网络结构进行质性或量化分析。其所倡导的理念并非单向"因果分析",而是实体间的交互作用,为从微观向宏观过渡提供了一种构建社会结构理论的桥梁。企业社会网络是企业与外部基于各种渠道而相互联系以达到资源共享目的的生态组织形式,既是承载资源的基础,也是企业对外获取资源的通道。

(1) 社会网络研究视角

个体网络(ego-centric network)。个体网络也称作自我中心网络,是指以某个核心行动者为研究始点而向外扩散的网络,该结点与其相连的其他行动者共同构成网络,主要用于研究个体所受到的物质、情感、绩效影响等。个体网络一般以网络异质性、二元及多元关系、网络密度、网络规模、中心性、结构洞等作为研究内容,测度个体怎样受网络的影响及核心个体对网络的影响力。个体网络数据收集可以利用随机抽样方法、滚雪球方法等。通过网络研究可以对个体的发展和绩效进行深入了解和探讨,因此个体网络研究是非常有意义的。

整体网络(complete network)。整体网络是指一个由研究对象群体全部成员及其关系构成的网络,该网络不存在明显的核心研究成员,研究对象相对较为固定。整体网络一般以网络规模、网络密度、子群关系、聚类关系、中心势等作为研究内容,测度网络整体性质、网络和网络间关系以及网络对个体的影响等内容。目前来说,个体网络研究已取得较大进展,整体网络因数据资料的获取难度大而发展迟缓。然而整体网络的结构研究对一个群体集合、区域甚至全社会的发展有着更为深刻的影响,因此是社会网络研究的重点。

(2) 社会网络研究内容

社会网络是社会行动者及其关系的集合,不同的社会网络结构是造成网络差异的主要原因。因此,社会网络的构成要素和网络结构是其主要研究内容,其中网络构成要素一般包括结点和关系,网络结构一般包括规模、密度和中心度等。

结点(node):结点是社会网络中独立存在又相互依赖的个体单元——社会行动者。结点有时以单个行为人个体或一个社团、企事业单位等组织的形式存在，有时以一个村落、城市、省份甚至国家等地域的形式出现，多个结点动态或静态地构成网络的基础要素。

关系（tie）：关系是指社会网络中行动者间产生相互关联的纽带。其表现形式有多样化的特点，可以是亲友关系、交易关系、活动参与关系、政治合作关系甚至是敌对关系等，其研究关系的性质是由社会网络的研究目的决定的。结点间可以是单纯的一元关系也可以是多元关系，研究者依靠数理统计、计算机技术等构建多重网络关系模型是当今社会网络分析的前沿领域。

规模（size）：网络规模是研究网络结构的重要指标，是指在网络中全部行动者的数量。对于行动者个体网络来讲，其规模可以通过调查获知，数量为与研究个体相关的所有组织数；对于整体网络来讲，其规模一般是具有共同目标的、构成网络的全部成员数量。该指标是表征网络特性的重要变量，规模大的网络意味着其行动者数量较大，往往此类网络更加复杂，内部可能会有众多小群体且群体间关系复杂。因此，在规模大的网络中充斥着众多差异和不均衡，行动者间的关系将会受到较大的影响，对于大规模的网络其研究也较为复杂。一般情况下，整体网络的规模不会超过1000，且研究太大规模的网络实际意义并不大。

密度（density）：网络密度反映的是社会网络行动者之间联系的紧密程度。一个密度大的网络说明其成员联系较为密切，产生连接的结点数量较多。通过网络图可对网络密度进行直观判断，具体密度值要用具体存在的关系数量占可能存在的关系数量之比来表示，由此可见，网络密度除与结点实际连线有关外，还与网络总结点数也即网络规模有关。通常将所有结点均相连的网络叫作全联网，连接结点相对紧密的网络叫作高密网，连接结点相对稀疏的网络叫作低密网。

中心度（centrallty）：中心度是针对网络中结点也即行动者而设置的指标，它反映该行动者与他人关系的集中程度，该指标越大表示与该结点联系的人越多，此结点可能处于关键位置，具有较多的资源或者较高的地位。此外，在整体网络研究中，一般用中心势（centralization）代表整体的连接紧密程度，反映的是整个网络的集中程度，例如星形网络的中心势是最高的。可见中心势反映的是图的结构"中心"，网络图中各点围绕图的中心而形成，指的是整体的紧密程度，并非某一结点的重要程度，因此中心度和中心势是有区别的。

（3）在企业孵化网络研究中的适用性

孵化器是创新资源的集散地，创业企业通过孵化器与具备各种资源的组织机构（包括风险投资机构、高校及科研机构、中介机构、政府、孵化器协会等）进行连接，不同形式的科技资源则通过这些连接在网络中流动、重生，推动创新的产生和创业的维系，孵化网络便由此产生（南星恒等，2014）。孵化器及在孵企业都是处于社会中的独立而联系紧密的个体，以他们为核心结点的企业孵化网络具有社会性，因此也是社会网络的一部分。社会网络理念在孵化产业中的引入，使得创新创业在跨组织协作中发挥了重要作用，包括创新文化认同和跨区域创业创新合作，社会网络与创新网络实现了有机结合。

在孵化网络研究中，我们将整体网络作为研究对象，一个区域中众多的小型孵化器网络在孵化器协会和政府等连接组织的牵线下形成一个大型区域孵化网络，网络规模指数的大小表明此区域创业规模的大小，某种程度上表明政府对当地孵化产业建设的重视程度。网络密度指数表明孵化器网络中各组织成员的联系紧密程度，如果网络密度大则表明较多机构都有联系，彼此之间形成一个紧密合作的网络。此外，网络中心度指标能测度出在区域孵化网络中核心的组织。

2.2.3　资源依赖理论

（1）资源依赖理论的内容及特点

被誉为组织研究中重要理论的资源依赖理论萌芽于20世纪40年代，发展于80年代，复兴于21世纪初。该理论认为社会组织是一个政治行动者而非单纯的完成任务的工作组织，必须依靠获取环境中资源来维持其生存，而组织的策略无不是在试图增加自身权利、控制其他组织以获取所需资源。按照 Pfeffer 和 Salanick（1978）的观点，企业间因为资源的互补而形成了相互帮助的网络结构，具体来讲，之所以网络组织能够形成，是因为组织在获取资源方面需要与其他主体形成合作往来，众多联系的组织便形成一个以信任、合作、交易等手段为联结的无形网络，网络中的组织受到其联结关系的束缚和影响。学者们（Pfeffer & Salanick, 1978；Butler & Sohod, 1995）普遍认为企业组织一般会寻找持有其所需资源的机构合作并希望组建一个稳定的资源共享网络。该理论代表人物 Pfeffer 和 Salanick 指出建立企业联盟的根本目的在于实现组织个体之间资源的相互依赖与利用。联盟内成员在不断交流和学习的过程中实现了知识和技术资源的互补，从而获取自身所缺的异质性资源，得到竞争力的提升。

自从 Selznick 首次探讨了组织间共同抉择的形成过程后，组织间因资源而导致的权力平衡问题成为该领域的主要关注点。Zald（1970）从政治经济学视角讨论组织变迁过程，得出结论组织选择加入联盟网络的主要原因是重要资源被另外组织掌控，致使其通过此种方式来增强自身业务水平，均衡能力。资源依赖理论著名的四大假设为：①生存是社会组织最关心的事情；②社会组织得以生存的前提条件是拥有核心资源，然而组织往往不具备足够的资源；③为获取生存资源，组织须不断与周围环境中的个体进行互动；④组织的关系处理能力决定了组织的生存。由此可见，资源依赖理论认为任何组织均不可能拥有其需要的全部资源，而组织的目标集中在资源的特性上，为了获得这些资源，组织将会与其他拥有自身所需资源的组织进行互动，从而导致组织对资源的依赖性。在互动过程中，组织将会试图提升自身权利、支配环境、降低其对风险的不确定性并避免自身对市场和机会的过度依赖，因此权利依赖是资源依赖理论的动力机制。组织当中有价值的、无法复制的、稀少的、不可替代的资源将带给组织超额利润，同时使得组织具有更多的自主性和权力来控制环境中其他组织。组织在选择和配置资源时能否保持其异质性取决于其在市场中对关键资源的获取、模仿及替代的障碍，这些障碍导致了组织间的权力与差异。

相对于其他环境决定论，资源依赖理论包含了更多的组织为生存而制定的战略的可能性，描述了组织在追求自身利益的过程中对于其内部结构和过程调整的自主追求。资源依赖理论充分揭示了资源对组织关系的重要作用，拥有资源即拥有权力，因此资源的重要性和稀缺性决定了组织在网络关系中的地位和对周围合作关系的依赖程度。甚至是对资源的依赖使得某种组织关系形成进而导致了组织目标的改变和组织架构的重组。资源依赖理论的主要贡献在于指出组织对周围环境的依赖，为组织目标的实现提供了明确的实践指导——通过各种策略来提升自身权力以适应环境。在此，组织环境是由组织根据自身对资源与利害关系的理解与分析而设定出来的，管理者对环境不同的认知导致环境塑造的结果有所不同。网络联系为组织减少了生存风险和不确定性，而正如 Baker（1990）所指，组织以何种方式加入网络取决于它和其他组织间的资源依赖关系。紧密的依赖关系将促进两个组织久远的发展，相反，低层的依赖关系使得组织间联系变得松散并容易击垮。同样，Burt（1983）认为，共同抉择在抵制环境威胁方面有着强大的力量。在组织与环境的关系上，组织一方面通过控制其他组织来维持自身独立并与其他组织建立关系，另一方面也将通过参与社会法律、政治活动等来改变环境要素。

（2）在企业孵化网络资源配置中的适用性

企业的技术创新活动实际上是对创新资源的开发与利用，单靠一个企业自身的实力来获取创新资源要面对很高的成本和不确定性，这对于企业创新来说十分不利。显然，企业孵化网络中的核心被服务对象——在孵企业因受限于创业资源短缺而求助于孵化器。早在 2002 年我国学者卢锐即提出孵化网络中形成核心资源的重要性，认为该过程是一个为创业者结构化资源组合、提升资源构建能力进而提升核心竞争力的过程，孵化器作为提供物业支援、运营咨询及一定资金支持的组织，为在孵企业提供援助时仅凭自身力量必然是杯水车薪，因此孵化器需从网络环境中为在孵企业寻找互补性科技资源，依靠其所掌握的在孵科技企业丰富的信息资源来换取与其他机构的资源合作。同样,咨询公司、创投公司依靠孵化器对在孵小微企业项目信息的了解选择与其进行合作以获得资金回报;高校及科研机构依靠孵化器所掌握的在孵小微企业的信息向其提供核心技术研发成果以帮助其提升研发实力;政府则需要将其对孵化器的扶持转换为区域创新力量并提升其声誉和获得一定财政收入。根据资源依赖理论,处于区域孵化网络当中的所有机构将其利益相关者视为外部环境组成,依靠自身资源优势不断与其他组织进行交易以获取自身利益,应对环境的变化。

Hansen 等(2000)就提出孵化网络可以解决孵化企业个体对创业资源的严重依赖问题,网络在运行中实现了孵化资源的吸引、集聚、整合以及转换,为创业企业提供了生产、营销的有力保障。理想化的孵化网络中每一个组织均是独立的个体,网络核心组织——孵化器的任务即是在资源受限的网络中积极为在孵企业寻找资金、人力、战略策划等软硬件资源并进行科学配置,以提升自身孵化能力,满足社会需求;其他机构通过自身资源优势为在孵企业提供创业援助的同时与孵化器建立长期合作关系并获得盈利。然而在我国孵化产业中占据主导地位的组织一直以来都是地方政府,由于孵化市场不完善和孵化器产业不成熟,当进入孵化器中的创业企业逐渐增多时孵化器不能更好地依靠自身力量吸引社会资源,从而对政府的依赖增强。依据资源依赖理论,孵化器的自主性受到资源提供机构的权力威胁,不利于其建立良好的社会地位。因此,在孵化网络早期发展中在政府助力下提升孵化器的竞争力具有重要意义。

2.3　本章小结

本章对区域企业孵化网络、科技资源配置效率及其影响因素进行了研究梳理，认为区域企业孵化网络是区域创新网络的子网络，对于该网络中的科技资源配置效率的研究能够更好地协调创业孵化过程中的短缺资源，进而提升整个网络的孵化产出能力。但孵化网络领域科技资源配置效率的研究却较为少见，现有的理论多为对一般创新系统中科技资源的配置研究，因此本书将对科技资源配置模型、效率评价模型和效率影响因素展开深入研究。由于企业孵化网络科技资源配置是一个跨学科课题，因此需要我们广泛借鉴现有理论并汲取方法论的指导。进一步介绍研究的主要理论基础——全要素生产率理论、社会网络理论和资源依赖理论，为本书的理论分析、模型构建、效率评价及特色路径研究提供理论土壤，指导后续研究的顺利开展。

3 区域企业孵化网络科技资源配置的理论分析

首先在社会网络理论和全要素生产率理论的基础上深入探讨区域企业孵化网络的内涵及网络构成。其次在区域企业孵化网络资源配置原则和目标研究的基础上，从分析科技资源客体的配置过程视角出发构建科技资源配置的理论模型，为后续的科技资源配置效率评价和效率提升研究奠定理论基础。

3.1 区域企业孵化网络内涵界定

3.1.1 区域企业孵化网络概念

科技企业孵化器（以下简称孵化器）是国家创新系统的重要组成部分，是大众创新创业的支持平台，其服务对象是中小微科技创业企业，服务宗旨是培育科技企业和企业家精神①。孵化器具有科技资源整合及优化配置的功能：为创业企业提供场地和设备等硬件资源，以及智力、财力等软件资源，推动创业企业的科技成果转化，帮助其尽早适应激烈的市场竞争。孵化器在应对创业企业不断提高的服务需求时往往需要联合其他组织共同为其提供科

---

① 科技部：《科技企业孵化器认定和管理办法》（国科发区〔2018〕300号）。

技创业资源，众多孵化器实体与各类辅助机构协调发展，构成了一个庞大的网络组织，为促进孵化过程的价值增值起到巨大的作用。

企业孵化网络一般有狭义和广义之分。狭义的企业孵化网络是指以某一孵化器为核心组织，由临近高校及科研机构、创投机构、政府、中介机构等合作组织作为辅助结点而形成的紧密相连的网络；广义的网络是狭义网络的扩展，是指由多个小型临近网络形成的强弱相间的集群，以在更大范围实现科技产业和创新经济的发展。本书的区域企业孵化网络是指为顺应科技创业的需求而产生的一个创新资源综合服务平台。具体来讲，是在一个特定的地理区域范围内，借助政府的支持和引导，由孵化器、在孵科技创业企业、智力机构、资金机构和其他专业服务机构聚集而成，以孵化器为制度框架和核心运作组织，以资金、信息、知识、技术等为纽带，彼此间以各种交易、契约关系为联结而形成的高科技产品研发和创新综合体。对区域企业孵化网络内涵的界定是本书的理论出发点，为此，从四个视角为区域企业孵化网络作出界定：

（1）企业间协作视角

企业孵化网络是基于不同组织间劳动分工而形成的科技创业孵化的组织形式，是各孵化辅助机构和新创在孵企业为最大限度地利用创新资源，突破传统的行政组织结构，通过合作而形成的孵化辅助群体。其重要作用是跳出单个孵化器规模和能力的束缚，通过协同作用增进孵化器与外界机构的联系以增强新创企业能力。其特点是为创业者拓展资源获取渠道以降低创业风险、促进科技成果转化、增加高附加值和聚集科技创业人才，最终形成区域创新创业氛围以促进地方创新经济可持续发展。因此，企业孵化网络是建立在协作基础上优势互补的组织化市场。

（2）地理范围视角

地理位置临近的机构间建立联系具有天然优势，区域企业孵化网络不仅是一个服务概念、经济概念和政策概念，也是一个空间概念。一个功能完善的孵化器构成创业经济的一个点，以同一地域范围内众多这样的点为核心，以其他机构为辅助，从而构成区域的创业大网——区域企业孵化网络。任何区域企业孵化网络都立足于整个区域的产业结构，由若干层次的子网络构成，各子网络形成由简单到复杂、由低级到高级的等级序列。区域层次主要涉及五个级别：以国际间合作为基础的国际产业孵化网络、以国家为地域范围的国家孵化网络、以省为地域基础的孵化网络、以市域为范围的孵化网络、以开发区或县级为范围的孵化网络。每层孵化网络均由孵化器、高校、科研机构、创投、中介机构、政府等结点组织构成，通过建立区域孵化器协会网站和各类公共服务平台帮助孵化器解决能力不足、资源有限等问题，实现整个区域的协同创新。

（3）名称视角

学者们从不同视角来定义孵化网络时提出了一些容易混淆的概念：第一种是"网络型孵化器"，主要指孵化器与外部多种创新实体保持紧密合作从而构成一个孵化创新平台以使在孵企业获取资源，快速成长。第二种是"孵化器网络"或"孵化网络"，是指孵化器与外部机构建立的知识共享、信息互通、资源互补的合作网络，在网络中各机构实现自身价值，同时在孵企业的创业问题得到有效解决。第三种是"虚拟孵化器"或"无墙孵化器"，是指在现代计算机网络技术背景下发展起来的一种新型孵化器，它打破了地域范围，为物理区域之外的在孵企业提供孵化服务。这三种概念虽在运营模式上差异较大，但都或多或少具有网络的表现形态，本书特指第二种网络形态——"孵化器网络"或"孵化网络"。

（4）组织制度视角

企业孵化网络是孵化器、创投、中介机构、在孵企业等组织与市场相互作用与相互替代所逐渐形成的契约关系或制度安排。网络中存在着组织个体的流动，并不存在正式的由独立组织的集合所形成的资本和人员结合（南星恒等，2014），既可规避多变的环境风险，又可避免高额的市场费用和创业组织成本，是解决创业企业孵化问题的最佳模式。因此，企业孵化网络是由独立企业集合而成的一种含有区域发展目标的短期制度体，也是应付系统性创新的一种基本制度安排。另外，网络中处于核心地位的组织是孵化器及其在孵企业，二者通过委托和代理关系，同时其他组织通过经济、社会、市场关系经过长期积累而构成一个在制度安排下的资源互补统一体。可见，企业孵化网络的形成是社会创业活动的随机模式逐渐转变为组织的制度化模式的过程。

3.1.2 区域企业孵化网络边界

本书属于整体网络的范畴，整体网络是以为达到共同目标而进行互动的组织为界的，而网络边界的确定对理解整体网络组织成员构成具有重要意义（Provan et al.，2007），因此本书首先对"区域"的边界加以界定来作为研究区域企业孵化网络的前提。

区域是地球表面具有地理位置特征和可度量特征的空间单位，按照某些划分方法相互区别开来，其相近的表述有"地方""地区""地域"等。通常来讲，区域大致被划为三个层面：地方层面、国家层面以及超越国界的多国组合层面。Siber 在其著作《区域经济增长：理论与政策》中指出区域是一个具有中间性属性的概念，其范围可大可小，既是上级空间的组成部分，又由下级空间组合而成，其构成要素具有内在本质的差异性和外在形态的相似性。正像 Hoover（1970）所指，区域是为研究和制定政策服务的地区统一体，对范围的确定取决于所研究社会经济问题的特征，因此要按具体情况确定。目前来看，学界对于区域尚未形成固定划分标准，因此学者普遍根据不同研究目的自行区分。区域划分标准主要是区域的差异性和聚集性，也即一个"区域"在某方面区别于其他地区且延伸至与其不同的范围内部。自然，不同区域间具有异质性而区域内部具有同质性。

我国经济发展研究的区域划分一般来说主要基于五种标准：①以经济实力作为划分标准。该标准将我国分为发达区域和不发达区域，该标准立足于为落后区域提出经济发展的理论性和政策性指导。可以看出此类标准具有模糊性和地区变动性，例如，随着经济的发展，一些不发达区域将转变为发达区域。②以自然地理条件和经济社会发展作为划分标准。该标准的划分范围较广,将我国分为东部、中部、西部和东北地区,或东部、中部、西部地区,此类划分着眼于国家重大开发战略的制定和经济生产能力的分析。③以地区不同经济功能为划分标准。该标准主要强调区域内部经济协作,将我国分为华东、华北、西南、西北、东北、中南六个区域。此划分标准可视作一种边界扩大的行政区,内部合作由相应级别政府自发组织。④以相互影响密切的城市网络作为划分标准。该标准通常用来描述经济贸易较为集中的城市群,著名的区域有长三角区域、珠三角区域及京津冀区域。这些区域以中心城市为经济贸易核心,将行政区和经济发展相联系。⑤以行政管辖区作为划分标准。该标准直接将我国行政管辖区作为区域对象,与经济运行无直接关系。以上五种区域划分方法的区别在于研究的目的与角度不同,因此各类划分之间往往出现交叉现象。

由以上论述可知,由于研究对象的侧重点不同,"区域"尚不存在一个统一的划分标准。本书的"区域"特指中国大陆行政区划的省、自治区及直辖市,将我国各省域视作每个整体网络的研究边界。主要基于以下考虑:首先,在中央各项政策的颁布下一般以省级行政区域为主要执行主体,创业科技人才引进政策的制定、科技孵化资金支持力度、创业投资优惠政策制定等均以省为单位,因此省域内部主体间产生密切的网络连接较为容易。其次,我国年鉴数据统计等均具有省域特征,量化研究所需数据收集于历年年鉴,因此数据的易得性也成为本书采用省域孵化网络的一个重要原因。最后,我国幅员辽阔、科技文化差异较大,不同省域地理环境、创业文化、人口背景、网络结构等因素在一定程度上影响资源的配置效果。对于效率评价,将省域作为网络边界,有助于充分体现出研究单元的内部同质性和外部异质性,对不同区域间差异的研究具有重要参考意义。

3.1.3 区域企业孵化网络特征

区域企业孵化网络承担着将高科技创新思维商业化的重任,帮助区域实现经济与社会的可持续发展，是连接个体孵化系统与国家创新网络的中间环节，具有创新网络的构成特点，即层次性、局部性、动态性、开放性、地域性及协同演化性。剖析区域企业孵化网络的特征对于认清网络本质、提出和实现扶持创业企业目标进而提高区域创业竞争力具有重要作用。

(1) 层次性特征

区域企业孵化网络是一个交错相连的复杂网络，同时也具有复杂系统的一些典型特征。整体网络具有若干个子网络，各子网络形成由简单到复杂、由低级到高级的序列，例如，各省域的企业孵化网络由构成省级区域的市级子网络构成，市级子网络由构成该级别的县、区级子网络构成，每一级子网络均由孵化机构、创业企业、创投等金融机构、高校、政府、科研机构、中介机构等要素构成，下一级网络是上一级网络的有机组成部分（见图3-1），每部分间既有分工又有合作，不同级别的网络间相互影响和作用，形成或竞争或协作的关系网络，其中孵化器和在孵企业是每一层次的中心要素，其他机构为非中心要素。

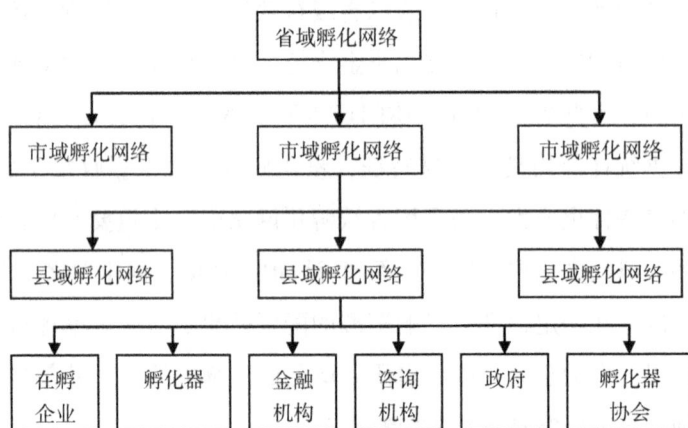

图3-1 区域企业孵化网络层次结构特征

另外，企业孵化网络同时表现出内外双层网络的独特结构（见图3-2）。

内层网络是孵化器内部网络，其成员为在孵企业和孵化器，网络连接是孵化器与在孵企业间合作交流的强联系，创业导师一方面带领在孵企业完成团队知识和经验交流，另一方面通过在孵企业间创新精神的分享培育积极的创业氛围，在解决共性问题的过程中提升孵化器基础服务的规模经济效益。而外层网络则是以孵化器为核心而形成的多主体网络，其成员结点包括一切有助于创业孵化的组织。其中，孵化器作为资源链接的主要纽带，撬动了巨大的科技创新资源宝库，促进在孵企业挖掘发展潜力的同时有助于网络整体实现帕累托最优。内层网络和外层网络在产权方式上有所不同，内层网络中孵化器和在孵企业间更偏向于委托代理的负责制关系，而外层网络各组织间更多的是以孵化器为中介而形成的契约机制。

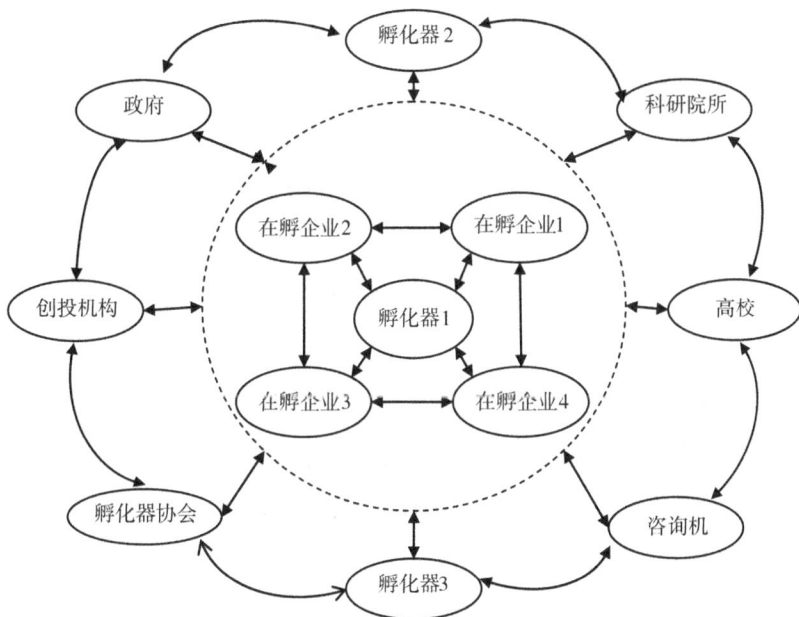

图3-2 企业孵化网络内外双层结构

（2）局部性特征

构成区域企业孵化网络的各主体多为同一个区域的组织，具有相同的地域特征与经济、文化特性。由于我国孵化网络目前尚处于发展初期，因此区域内部联结较为频繁，区域间相互联系与合作尚未大量形成。此特征同样存在于子网络中。以省域孵化网络为例，城市内部结点合作较多，城市间结点合作频率次之；区县内部结点合作较多，区县间结点合作频率次之，以此类推。但随着各区域间经济交流的深度与广度加大，孵化网络区域间联系将日益频繁，区域的边界将趋向于弱化从而形成更加庞大的网络系统。

（3）动态性特征

首先，网络中不同利益主体不断找寻自身的价值定位和资源诉求，彼此之间在孵化器资源配置过程中实现动态匹配的关系，例如，在提出需求和资源被满足的过程中，在孵企业进入和退出孵化器；其他机构在机制与利益选择过程中不断进入和退出孵化网络。其次，孵化网络内部成员从产品设计的萌发到研究、生产的进行都是动态进化的过程，流动过程中信息、知识、技术等资源要素不断更新，因此动态变化是区域企业孵化网络的动力因素。导致动态演化的因素包括外部环境的科学进步、消费需求、人才发展、市场竞争、价值定位、投资变动等动力，也包括来自网络内部的企业创业诉求、政府对产业的扶持职责及机构对利益最大化的追求等，各机构在合作与竞争关系动态变化的过程中孵化网络得到不断的维护和更新，从而实现网络整体的演化升级。

（4）开放性特征

在全球经济中地区间关系变得更加紧密，网络组织的开放性正日益取代封闭、独立、自给自足的特性，其制胜的关键是对内外部资源的挖掘和利用（周志太，2013）。区域企业孵化网络是一个开放性的网络，与所在区域环境之间存在着物质和能量的交换，网络外部人才、信息、资本等要素源源不断地流入网络内并发生一系列转换，向外界环境输出孵化成功的中小企业与技术成熟的产品及可观的经济效益，因此区域企业孵化网络开放的边界成为网络实现其功能的充分条件。网络内部既存在着各组织单元间正反馈的倍增效应，也不乏限制网络发展的饱和效应。对于区域来说，要实现持续的创业孵化单靠自身的资源是无法实现的，而需要其不断寻找并支配其外部资源来弥补自身系统的不足，使其不断维持与外界的能量交换，推动区域实现更高水平的发展。

（5）地域性特征

区域企业孵化网络在国家创新网络构成中起着承上启下的调节作用。对于国家创新网络而言，区域企业孵化网络是一个具有地域特色的子网络，既有对国家整体网络的从属性，又有区域的相对独立性。即：一方面要遵循国家科技创新孵化的方针、政策、法律法规等宏观调控来发展区域孵化产业，另一方面要充分利用区域发展特色来激活当地创业者的创业热情。倘若忽略区域发展禀赋，将会形成各区域重复建设、发展结构雷同的趋同式发展，不仅不利于地域优势特色的发挥，更不利于国家创新网络的结构调整，这种一刀切的发展模式是区域发展所摒弃的。

（6）协同演化性特征

企业孵化网络中组织个体在非线性作用过程中分工明确、组织有序，其协同演化性体现在三个方面。第一，网络的协同演化性表现为合作型协同进化和竞争型协同进化两种类型。其中个体之间的合作协同占主导，主要体现为不同种类个体间由于资源的异质性而表现出的互利互惠行为，合作协同促进整体网络的价值再造。第二，同一行业的个体在资源有限时表现出竞争关系以争夺资源，事实上适度的竞争将促进网络整体效率的提高，而过度竞争将导致网络整体抵抗力差和效率低下。第三，孵化网络的协同演化性也体现在网络组织个体与环境之间资源的交换：伴随着全民创业热度的升温与创业环境的日益复杂，区域企业孵化网络在不断完善的传导机制下迫使组织进行适应性和匹配性的战略调整，形成与环境高度契合的有机整体，因此可以说区域企业孵化网络内组织个体在数量、发展模式及产业选择方面都显示出与环境的短期相对稳定性和长期协同调整性特征。

3.2 区域企业孵化网络构成分析

按照社会网络理论，区域企业孵化网络是一个整体网络，其实质就是结点以及结点间正式与非正式关系的总和。各结点及其关系相互联系、相互促进，构成一个动态发展的整体，其中一方形态或功能发生变化都将引致另一方改变，唯有二者有机匹配才能促进网络得以长远发展。因此，在孵化网络研究中，要使科技资源流动顺畅，对网络结点及结点间关系进行研究是重要的步骤。

3.2.1 区域企业孵化网络结点分析

在企业孵化网络中，在孵企业往往被定义为关注于技术创新和市场盈利的产品生产者（阮平南和顾春柳，2017），高校和科研机构被定义为立足于基础研究和知识传播的智力创造者（Vanderstraeten et al.，2016），中介机构被认为是价值增值的服务者（王艺博，2013），政府是为网络提供有力政策支持和发展框架的制度保障者（纪浩，2017）。孵化器则是将上述机构集结在一起并负责支配网络中资源的核心结点（Mian et al.，2016）。本书在前人研究的基础上作进一步归类，按照组织在网络中的特定价值角色将区域企业孵化网络中的结点分为五类，分别为资源支配类结点、价值创造类结点、资金支持类结点、技术供应类结点和制度保障类结点。资源支配类结点是孵化器，是对区域企业孵化网络贡献最大的结点，其特殊地位决定其拥有集结各结点异质资源并合理配置给在孵企业的权力。价值创造类结点是在孵企业，是网络中价值创造的核心力量，也是网络中接受服务的核心结点，在孵企业将网络中其他结点的资源进行吸收利用以助其成为能够生产竞争性产品的成熟科技企业。资金支持类结点是创投和银行等金融机构，为孵化活动提供必要的金融支持。技术供应类结点泛指高校及科研机构和其他法律、财务等中介机构，为在孵企业提供专业的科学技术支持和管理技术支持。制度保障类结点是政府、孵化器协会等机构，为孵化活动提供良好的政策和平台支持，促进孵化产业的可持续发展。区域企业孵化网络由这些不同角色组成，实现网络的系统化和完整化运作，分类如表3-1所示。

表 3-1　区域企业孵化网络结点分类

结点类别	结点名称	结点作用
资源支配类	孵化器	为创业企业集结资源
价值创造类	在孵企业	异质资源的价值再创造
资金支持类	创投机构、银行	提供创业金融支持
技术供应类	高校及科研机构、法律、财务、管理等中介机构	提供科技、管理技术支持
制度保障类	政府、孵化器协会	提供政策及制度保障

资料来源：由作者分析整理而得。

（1）资源支配类结点

孵化器是企业孵化内层和外层网络中的资源支配类结点。从交易成本经济学（TCE）和市场失灵的角度来讲，孵化器是控制创业科技资源的系统性途径（Hackett & Dilts, 2004），以资源配置中心的身份来合理调配人力、资金等资源的组织，并提供办公服务、创业过程支持和网络服务以帮助初创企业渡过经营、财务、市场等难关，最终获得创业的成功（Schwartz, 2013）。在此过程中，孵化器产生经济乘数效应而提高了整个社会的受益程度（Kolympiris & Klein, 2017）。首先，在内部网络中，孵化器通过对入驻项目或初创企业进行考察以筛选出优质入孵企业，为后期孵化的成功和孵化器效益的获取提供保障。孵化器中的创业导师一般在创业过程和项目管理方面拥有丰富的经验，能够帮助在孵企业将创意转化为市场化商品（纪浩, 2017）。孵化器在将创意转变成科研成果、将成果转化为可实施项目、将项目孵化为企业、将新创企业推向市场的一系列过程中，提供了必要的物质设施和智力资源，具体表现为：基础建设、共享空间、交流服务、优惠政策、融资推介等，孵化器为创业企业提供的服务越高级，其所需的网络资源也就越多，越需要外层网络的支持。其次，在外部网络中，孵化器既是独立组织机构，又是彼此开放互联的，他们发挥了将技术商业化、将异质资源集中化的作用，在孵化器的连接下，创投、中介等机构的专业化资源得以集聚并配置到在孵企业，提高其存活率与成功率（Kolympiris & Klein, 2017）。在互联网、大数据、云计算等技术支持下，组织个体间形成一种无形的"创新诀窍联盟"（Diez & Montoro, 2017），在孵化器由内而外的作用下，网络中聚集了大量智力资源、资金资源和信息资源，网络运营效率得到提升，区域就业问题得到解决，同时区域创新经济发展得到促进。

总之，孵化器在网络中起着"桥接"作用：一头连接创业企业，充分掌握其财务状况和技术、市场运作能力等信息；另一头连接外部资源供给机构，例如金融、中介、科研等机构。孵化器帮助创业企业获取更多的优质资源、市场机会以创造企业核心价值。孵化器虽不投入生产来创造直接价值，但为众多创业企业提供发展路径和打造核心竞争力，保护其在发展初期免于与同行成熟企业参与市场竞争。孵化器在协助科技项目运作和新创企业发展的同时也将得到项目和企业的经济回报，持续的"反哺"有助于孵化器内部资金的增加进而实现不断发展。

（2）价值创造类结点

在孵企业是孵化网络中重要的价值创造类结点。经过孵化器的严格入孵甄选程序后，一定数量符合入驻标准的各类初创中小科技企业进驻孵化器并接受各类资源的提供以完成科技研发、技术转化和生产经营等活动，实现从创业构想到科研成果获取再到创新产品价值生成的蜕变过程。在孵化器提供的办公场所、管理技巧、资金和法律基础援助下，在孵企业有效结合自身创业经验来克服其创业过程中所遇障碍，因此在孵企业的发展受到孵化器的直接影响。另外，在孵企业与同一孵化器中其他创业者的经验交流、资源共享等创业互助活动有助于其获得互补性资源；有能力的在孵企业将更加广泛地对接外部网络中其他社会组织，构建更广阔的资源获取路径。

在区域企业孵化网络中，众多种类的在孵企业按照不同性质和地域特征聚集到综合科技企业孵化器、新型科技企业孵化器、专业孵化器、人才孵化器、国际孵化器、创业投资主导孵化器及虚拟孵化器等各类机构中，丰富了孵化器的构成并拓展孵化服务要求，促进孵化器乃至孵化网络的共同进步。例如，武汉东湖孵化器内部的创业者包括具有自主知识产权的技术创业人士、中小微创业企业、海归创业者等类型，形成具有特色的创业企业孵化群体。

(3) 资金支持类结点

区域企业孵化网络中不可或缺的资金支持类结点主要指创投和银行等金融机构。在创业实践中，资金短缺是创业者走向失败的主要原因。初创企业在项目开发阶段需要大量资金，但其融资渠道很多仅限于自有资金、家庭、朋友等民间团体。然而民间资本的有限性决定了创业资本短缺的普遍性，资金短缺问题成为阻断新创企业进一步发展的巨大障碍。大量文献研究表明，融资失败的主要原因是创投公司对创业企业信心的缺失（Vanderstraeten et al.，2016）。可以说，金融机构对初创企业投资意愿不足归根结底是由机构和创业项目及创业企业间严重的信息不对称和相对较高的投资系数造成的。然而在企业孵化网络中，金融机构在孵化器的协助下可解决上述信息不对称问题，因此成为在孵企业有效的经济保障，是资源优化的有力推手。优秀的孵化项目和在孵企业凭借其良好的入驻表现获得孵化器和外部投资机构的青睐，有助于其顺利获取风险投资。

在孵化系统中，金融机构一般包括风险投资机构（VC）、商业银行、政策性开发银行、科技银行、私募股权（PE）商业银行等，为创业企业提供不同力度的资金支持。政策性开发银行因其风险规避性特征而对风险程度大的项目支持力度较小；私募股权和创投公司则不同，它们为新创企业提供的投资力度最大，通过孵化器和孵化网络平台了解创业企业信息，进而做出准确的项目评估，并以监督者身份参与企业日常管理。一方面，在创投公司的专业监督和辅导下创业企业能够更加科学地使用创业资金，从而提升资金利用效率；另一方面，在为创业企业提供资金资助的同时金融机构自身也将得到更多的投资获利机会。

(4) 技术供应类结点

技术供应类结点一方面包括高校及科研院所等研究机构，另一方面包括法律、财务、管理咨询等中介机构。

首先，高校和科研机构是知识和技术的研究主体和成果供给者。知识资源的提供往往比硬件的提供更有助于创业企业的发展（Fernandes et al.，2017）。高校和科研机构的科技成果产出包括论文、专利、科研数据等，为区域创新活动提供了充足的智力资源，在一定程度上影响了区域的技术结构，是反映国家和地方技术创新能力和发展程度的主要机构。对于孵化网络而言，致力于基础研究和原始创新的高校为网络主体提供图书馆、实验室等基础研究资源，同时能够提供成熟项目、创业导师、科研氛围等软性资源。另外，高校、研究院、重点实验室等研究机构同样为创业企业供应机器设备、场地、资金（项目基金资助）以及专业科研工作者。在科技类技术资源的帮助下，创业企业能够有效增强自身研发能力、减少科研成果转化障碍而获得可持续创新的潜力。

另一类技术供应类结点是为创业者提供企业管理技能的中介机构。中介机构是网络资源配置主体的重要组成部分，是一个庞大的社会化服务体系，由各类技术创新机构组合而成。一般来讲，创业者在完成宏伟创业蓝图的规划后，在创业实践中往往容易陷入困境：除了资金障碍，接踵而至的经营管理难题加大了创业者资源配置的成本，而此时孵化器往往无法满足创业者更深层次的业务指导需求。而创业中介服务机构是网络中软性资源的拥有者，是市场化、专业化服务的提供者（Barbero et al.，2014），为在孵企业量身打造市场竞争技能，帮其解决运作过程中出现的法律、税务、财务、技术等各种问题，为其减少交易成本、降低信息不对称、扫清管理技能障碍从而顺利毕业参与市场竞争。另外，创业中介服务机构对于网络中其他机构而言也起到资源优化的作用，例如中介机构能够迅速准确地发现产学研协同创业创新的结合点（朋越，2017），为高校和科研机构建立研发中转渠道，降低其产品转化搜寻成本，为科研成果迅速实现生产链的转移创造了条件。

（5）制度保障类结点

在企业孵化网络中，制度保障类结点是唯一具有完全公共效益属性的结点，包括政府和孵化器协会等组织，它们为网络的整体发展提供方向指引，为网络内部资源顺畅流通创造有利条件。

首先，政府在孵化网络中扮演了"引导者""支援者"和"监督者"的重要角色，为网络整体的建立和发展起到重要作用。政府作为创业活动的"引导者"和"支援者"，是推动区域企业孵化网络发展的重要角色，承担着制度创新和网络治理的首要责任，如税务部颁布《科技企业孵化器税收优惠》、科技部颁布《科技企业孵化器管理办法》等规范孵化市场、财政补贴和税收优惠的政策，为地方中小企业创业提供了重要的制度保障，同时作为网络行为主体的"监督者"，政府进行绩效考核体系的制定，在评定地方企业孵化网络发展状况的同时也为网络构建宏观发展框架（陈夙等，2015）。

此外，孵化器协会是政府批准成立的社团法人组织，也是网络中孵化器结点开展自我管理和服务的行业自律性组织。孵化器协会担负着孵化网络中重要的"联结者"重任，为众多孵化器提供联系纽带。协会通过组织孵化器开展定期培训、交流和研讨，帮助其实现优势互补和资源共享。同时，协会通过帮助企业开拓市场、吸引风险投资，为创业企业的顺利毕业营造了良好的发展环境。因此，可以说孵化器协会在孵化器的体制和机制创新、科技政策咨询及辅导、辅助孵化器解决机构运作问题和开拓新的服务领域等方面都发挥了重要作用。地方孵化器协会在构建孵化信息平台和在孵企业投融资平台等公共服务方面起到了主要作用。他们为孵化器和合作机构及时发布政府科技信息和投融资信息，并为孵化产业的发展与政府做出积极的沟通，成为为孵化器提供便捷服务渠道和向政府及时反馈孵化成果并协助其完成政策制定的重要联结机构。

3.2.2　区域企业孵化网络关系分析

由于"关系"既能影响网络个体行为，又能因聚集效应而影响群体的构成，因此是网络中独有的一类分析单元（Brass et al.，2004）。孵化网络中"网络关系"的协调是网络得以良好运行的关键。既然存在关系，则至少涉及两个行动者，故"关系"并不是单个网络结点拥有的属性，而是两个结点间共同的属性。网络中组织间关系一般来说通过网络结构（Coleman，1990）和彼此间的信任（Alter & Hage，1993）等非正式途径或者通过商业契约和条款（Coleman，1990）等正式途径来维系。本书从二元关系强度和结点属性关系两个角度分别阐述区域企业孵化网络的关系特性。

（1）基于二元关系强度的网络关系分析

在区域企业孵化网络中，各组织间关系有明显的强弱之分，强连接关系促进组织间交易活动的开展，弱连接关系则有利于组织间开展广泛的信息交流。企业孵化网络内部存在众多的强连接和弱连接关系，不同的关系促使网络成员间错综复杂的运行机制的形成。

通常来讲，连接关系最为紧密的是同一个孵化器及其内部的在孵企业，以及与孵化器保持合作关系的各种机构。在这些关系中，孵化器充当核心成员，负责为在孵创业企业提供工作场地、创业咨询及少量资金支持，帮助企业获取启动项目经费并与创投机构和中介机构达成长期合作意向，另外举办讲座和深度辅导以辅助在孵企业顺利毕业。另外，地区孵化器协会和政府相关部门、孵化器协会与孵化器间的关系也较为紧密，孵化器协会是政府意见的传达者和孵化器发展状况的反馈者，因此是二者的桥梁。通过孵化器协会，政府能够深入了解各地孵化器在创业孵化当中的作用，便于其制定出符合当地发展的创业政策。

连接强度次之的是一个孵化园区内部的不同孵化器间的关系，这些组织往往通过园区内部经验交流会、商演、竞赛等机会建立联系。孵化器与孵化器之间往往存在竞争关系，绩效好的孵化器可以收获更多的创业经济回报，从而也将争取获得政府更多的孵化基金支持以协助提升其软硬件条件来提升竞争力，因此孵化器间会争夺优质的中介资源和资金资源来为其内部在孵企业创造良好的创业环境，争取获得更多的创业回报。与此同时，不同孵化器间也存在一定的合作关系，形成孵化器集群，共同开发孵化网络平台，吸引更多的创业企业入驻孵化园区，吸引更多的投资机构和中介机构到园区进行创业支持。

众多二元关系中强度最弱的是存在于不同园区或孵化基地的孵化器之间的联系，这些组织依靠孵化器协会或者政府作牵头机构，进行合作或竞争，孵化器协会或者政府一般有针对性地按照区域发展来平衡各孵化集群的产业特色，使得众多创业集群网络实现资源和能力互补，成为发展区域经济和提供就业的有力保障。根据弱连接理论，区域内部孵化集群之间的弱联系为园区间的创业扶持提供了巨大的信息资源，各园区组织相互借鉴孵化模式和资本对接方式，甚至进行技术合作，在合作中实现对区域创业的有力扶持。

（2）基于结点合作的网络关系分析

企业孵化网络因不同的个体间关系而呈现出多元化联结特征（Mian et al.，2016）。在网络内部，孵化器承担着挖掘各组织资源并为在孵企业完成匹配的重要角色，因此作为网络的核心成员，孵化器需与各类网络结点建立良好的直接联系。本书侧重于对孵化器与不同网络结点间关系展开分析。

第一，孵化器与资金支持类结点间关系。资本是科技创业企业成长的关键因素，因此孵化器与金融机构良好关系的维系为网络中的价值创造起着关键作用，二者关系决定了网络中是否拥有健康的融资环境。孵化器与创投、银行等金融机构间良好的关系维系一方面帮助在孵企业争取大量创业资金，另一方面为金融机构寻找优质客户提供信息渠道。孵化器与金融机构间维持良好的关系有如下优点：①有助于科技创业者与各类金融机构间的信息互通。信息不对称是创投与创业企业间最大的障碍，而孵化器由于对在孵企业较为了解而能够充分利用其信息优势来构建一个丰富的技术、市场等信息的交流平台。②为在孵企业拓展更加广阔的融资渠道。创业风险投资需要进行深入的技术评价，孵化器将风险投资公司引入网络并为其搭建有效沟通渠道，使得在孵企业融资更为方便快捷。

第二，孵化器与技术供应类结点间关系。技术供应类结点包括科研技术结点及管理技术结点。在孵化器与科研技术类结点间的关系方面：①孵化器帮助创业企业联系科研专家和学者进行技术项目的可行性风险评估以规避风险，在早期阶段改良高风险项目以最小化实施风险。积极开展与科研机构的合作同时有助于提升创业者的科研素质，促进研究效率的提高。②在科技成果市场化阶段，加强孵化器和科研机构的联系也具有重要意义。在孵企业通过科研机构的中试基地完成试产，使其产品更加成熟和完善。③对于高校而言，孵化器不断将企业需求进行反馈，有助于其了解市场最新动向和科研需求，为其提供新的技术研究方向。在孵化器与管理技术类结点间的关系方面：①孵化器与商业咨询机构的联系有助于在孵企业对商业计划书的起草和完善，为企业的长远发展奠定基础。②孵化器与人力资源服务机构间的联系能够为创业企业储备专业化人才队伍。③孵化器与财务中介间的联系为创业企业进行财务制度的规范化发展提供援助渠道，减少财务问题并提供审计服务，将其精力集中于优势业务。④孵化器与法律中介的联系能够帮助在孵企业处理与外界组织的法律纠纷问题，确保其在经营过程中合法权益不受侵害。⑤孵化器与国际性中介服务机构间的联系能够帮助孵化器处理具有国际业务的创业企业问题，帮助其在国际竞争中正确处理因不同国家的财务、法律、文化环境差异而产生的问题而避免遭受较大经济损失。

第三，孵化器与制度保障类结点间关系。我国当前孵化器是政府用来推广科技创新和提升区域创新能力的政策工具，因此孵化器和政府、孵化器协会之间的联系能够为在孵企业带来创新发展的保障。①资金保障。由于我国孵化器主要由政府促进和指导而成立，因此在基础场地设施和创业基金支持方面主要由各级地方政府主导，另外地方众多的税收减免政策为在孵企业成长提供了良好的资金支持。②政策支持。我国政府在孵化产业发展中扮演着引导者的角色，在孵化产业发展初期，政府税收优惠扶持了一大批孵化器建设；在孵化器建设过热时，政府能够做出适当限制，建立严格审批制度以提升建设质量。③日常管理支持。政府在参与孵化器管理方面投入了大量精力。地方政府一般直接委派或任命孵化器最高管理人员来参与日常管理，同时积极为孵化器和科研机构牵线搭桥以促进二者的日常合作。此外，孵化器与孵化器协会间的联系同样有利于孵化器获得所需资源。孵化器协会一方面搜集孵化器的经验，以定期交流或培训的方式进行知识共享；另一方面，当孵化器协会不能满足孵化器资源需求时将以第三方的身份与政府做出交涉，促进相关有利政策的制定和颁布。

第四，孵化器与价值创造类结点间关系。正如张波（2010）所描述，企业孵化网络的连接关系分为诱致性网络关系和强制性网络关系，网络中的诱致性关系是各结点间长期合作所自然形成和维系的网络连接。孵化器与其外部结点（如创投、中介机构、高校及科研机构）间关系均属于诱致性网络关系。强制性网络关系则是指孵化器和在孵企业间的关系，它不需要进行长期积累和培育，而是入驻瞬间便已形成。在孵企业通过这种强制性网络连接关系来获取广泛的外界资源。这种强制性网络联系为在孵企业各个发展阶段提供了必要的指导和援助。在孵化初期，创业企业在孵化器协助下，其科技成果的研发速度得以提升（Oh et al.，2016）；在后期科技成果转化时，企业往往拥有成熟的科技研发技术但不具备市场渠道和管理经验，孵化器帮助其改善管理水平、寻找市场、筹集资金，在其扩大规模、完善产品、建立长远发展规划方面提供了较大帮助。

3.3 区域企业孵化网络科技资源配置模型构建

科技资源配置一般包含微观和宏观两个层面，微观层面是指某一科技活动个体对其内部科技资源进行配置以期获得较高的投入产出效率，宏观层面是指在一个大范围内众多科技活动个体进行跨越产业范围的科技资源配置以期实现整体高效的投入产出。区域企业孵化网络科技资源配置是一个宏观概念，是指在一个区域范围内不同资源拥有主体对科技资源的集中与分配，其目标是以最科学的投入比例来实现最大的效益。企业孵化网络科技资源配置的关键是怎样从网络中有限的孵化科技资源中获取有效部分并以何种方式进行结点间的再分配，其终极目标是在网络中避免资源浪费，实现整体资源的有效利用。

3.3.1 区域企业孵化网络科技资源配置原则

在当前创业科技资源短缺的约束下，区域企业孵化网络中各结点主体在科技资源配置过程中需遵循以下原则：

（1）社会效益原则

我国科技孵化产业在政府大力支持下如火如荼地开展，目前很多孵化器发展模式仍为初级的公益模式，因此社会服务仍是企业孵化网络在很长一段时间内应坚守的原则。区域企业孵化网络通过科技资源的投入配置，其重要产出是为社会创造更多的就业机会和协助创业企业存活，这将有利于促进整个社会政治、文化与环境的协调发展，也即实现网络的社会效益。

（2）经济效益原则

在追求社会效益的同时，我国孵化器也正逐渐步入市场化发展轨道，因此一些公益性质的孵化机构将转型为企业性质的孵化器，使资源配置更加顺应市场的选择从而得到更加健康的发展。因此，把追求经济效益纳入资源配置的主要原则将促进整个网络接受市场的检验，同时只有获得丰富的利润才能够更好地投入网络建设中，促进网络的进一步发展。另外，资源配置的终极目标即是使用更少的投入得到更多的产出，本质即是对经济效益的追求。

（3）可持续发展原则

资源配置的目标是实现效率的最大化，孵化网络的宗旨从根本上来讲是培育具有发展潜力的高科技创业企业，故资源配置不应仅仅追求近期利益和效率，而且要将区域长远发展考虑在内，培育具有区域特色的战略性新兴产业。因此，应坚持可持续发展原则，将创新科技资源投入有利于促进区域经济、社会可持续发展的产业和中小企业，做到当前效益和长远效益的内在统一。

(4) 资源耦合原则

在区域企业孵化网络中，科技资源主要包含一切与孵化科技企业有关的人力、财力、物力、信息四个维度。这些资源投入互为约束，也即整体上须实现耦合匹配。在任何阶段，倘若加大某些投入，则其余资源投入力度也需扩大，唯有如此才能提高产出，当四者无法协调发展时会因"木桶原理"而出现事倍功半的后果。因此，区域不能盲目提升某一资源配置量，这样产生的资源投入冗余将使得投入系统产生非均衡发展，滋生寻租行为，最终导致资源配置效率的降低。

3.3.2 区域企业孵化网络科技资源配置目标

资源配置效率是一个组织通过资源投入而实现其产出目标的程度，因此明确组织的目标是提出资源配置模型的重要前提。由于不同国家和地区企业孵化网络建设的初衷不同，因此从诞生至今人们一直对其目标保有争议。在前人研究的基础上，本书认为在我国社会主义初级阶段背景下，孵化网络在本质上是非营利性的，其产出具有多目标属性，归结为社会效益、经济收入、科研成果三个目标维度，前两个目标为企业孵化网络追求的终极目标，后一个目标则是过程性目标。

(1) 社会效益目标

企业孵化网络承担着为区域创新服务的重要社会责任。在政府号召下孵化器与当地创业支持机构结成联盟创新网络，共同为新创科技企业提供适合其生存的孵化环境，帮助其顺利度过创业艰难期，这也是区域企业孵化网络构建的初衷。如今很多国家已经将孵化网络的发展水平列为衡量区域创新经济发展潜力的主要指标，因此帮助区域得以进一步发展的社会责任成为企业孵化网络的首要任务。此外，伴随着新创企业群体的发展壮大，区域就业人员逐渐增多，由此可见，企业孵化网络对于降低失业率有着天然的贡献。因此，实现企业培育和解决就业的社会效益是区域孵化网络的重要目标和终极输出。

（2）经济收入目标

孵化器在经历了多年的发展后其模式发生了巨大变化，当年仅能提供物业服务的单一孵化器在 21 世纪初因逐渐与多种机构结盟而发展成能够为初创小微企业提供全套服务的网络型孵化器。为达到自收自支和可持续发展，越来越多的孵化器意识到在发展中增加其盈利额的必要性。首先，因为盈利能力是孵化器可持续发展的重要标志，所以很多地方政府以孵化器及其在孵企业盈利能力为重要指标而决定后续的资助力度；其次，孵化器只有在其盈利状况良好的情况下才能有足够的能力孵化更多企业，可以说孵化器非营利性特征与其对经济利益的追逐并不矛盾。由此可见，孵化网络整体对于经济收入的追逐是孵化网络一个重要的终极目标。

（3）科研成果目标

科技企业孵化器的两项重要功能是进行科技成果的开发（Happer & David，2017）和科研成果的转换（Mian et al.，2016），科研成果是区域经济可持续发展的有力保障，是社会对孵化产业的主要期许。在当今科技创新时代，科技成果从研发到商业化的速度决定了组织在产业链中的竞争能力和地位，镶嵌于企业孵化网络中的科技成果在创新科技资源丰富的环境下大大加速了各阶段的发展进程。区域企业孵化网络中大学园和科技园对于科技成果开发的实现起到主要促进作用，商业企业孵化器对于成果的产品化、商业化起主要推动作用。科技部早在 2011 年就明确指出企业孵化器在区域创业中的作用，指明其存在宗旨是通过进行科技成果转化来促进区域科技的进步。因此，科研成果的开发是区域企业孵化网络的一个重要过程性目标，只有取得了源源不断的科研成果，才能进行下一步的成果转化和产品生产，实现孵化活动的可持续性发展。

3.3.3 区域企业孵化网络科技资源配置模型

孵化网络的科技资源是众多机构提供的有形或无形的重要科技资源，包括科技人力资源、财力资源、物力资源、信息资源。区域企业孵化网络科技资源配置的过程即是网络各项目标实现的过程，本小节在对科技资源配置原则和目标的把握下，分析科技资源及其配置过程进而完成配置模型的构建。

（1）企业孵化网络科技资源的构成及配置过程

1）科技人力资源构成及配置过程

人力资源要素作为基础性核心科技资源要素中"第一要素"，对其他要素乃至整个网络起支配作用。一个区域要想保持长足的创新原动力，唯有长期持续高质量地将科技人才投入创业系统。因此，说人力资源是孵化网络中最为活跃并起主导作用的组成要素，是"携带"科技元素的重要载体。人力资源完成理念、活动和成果的创新，只有高水平的人力资源才能产出高水平的创新成果。在企业孵化网络中，科技人力资源主要由创业型人力资源、管理型人力资源和技术型人力资源组成（Albort & Ribeirosoriano，2016），分布于大学、科研机构、孵化器、初创企业和中介机构等组织中，他们共同发挥作用，推动创业孵化工作的顺利开展。在企业孵化网络中不同人力资源分别来自于不同主体并发挥着互补的作用：创业型人力资源是网络中的创新主体成员，主要是指入驻孵化器的创业者。在孵化网络发展的初级阶段，优质的孵化器能够吸引大量创业者前来进行创业活动，在孵化器协助下他们吸收网络内部各种资源并成功将其最初的创业构想转化为具有市场竞争力的成熟项目或成熟企业；管理型人力资源是组织创新的主要力量，也是孵化网络在建设初期所投入的人力资源，主要分布于各孵化器，为网络中在孵企业初期的入驻筛选、组织管理和其他资源调配起重要作用（Wonglimpiyarat，2016）；技术型人力资源是技术创新的主要力量，在孵化网络中主要分布于在孵企业和大学、科研院所，其主要职责是促成网络中科技成果的产品化以确保在孵企业的成功孵化，其中在孵企业的技术人员占多数，多为区域现有科技高素质人才。

科技人力资源是区域企业孵化网络中极其重要的角色，其构成反映了孵化网络资源配置的实现过程。在孵化网络中，三种人力资源在不同发展阶段和孵化模式中产生交互作用，共同促进创新孵化的持续发展，因此，孵化主体应在各发展阶段促进各人力资源在配置过程中的互动，做到"人尽其才"，达到人力资源配置的根本目的（吴兴海和马俊，2013）。显然，在以上人力资源的构成中，管理型人力资源是科技资源配置的最初投入，创业型人力资源是在孵化网络运作过程中所吸引的创业者，代表小微入孵科技型企业，属于中间过程的产出和进一步产品生产过程的投入，而技术型人力资源多为在孵企业日益壮大的科技就业群体，吸纳了众多高素质的高校毕业生，因此代表入孵企业在运作过程中为区域提供的就业岗位，充分体现了企业孵化网络的社会效益。

2）科技财力资源构成及配置过程

科技财力资源是企业孵化活动的基础和保障，财力投入的强度和去向是代表区域整体网络对科技创业支持程度的主要指标，很大程度上反映了网络中资源配置力度，也是区域创新能力的重要表征。区域创业孵化经费主要来源于三个渠道：政府向孵化器拨款的创业企业自筹资金、创业孵化资金池、银行小额贷款以及创投机构的风险投资。由于新创科技企业的生产活动具有成果转化难度高、市场不确定性大、经营前期收益小等特征而导致投资风险大（刘玲利，2007），同时金融机构对投资企业有较高的偿债要求，因此小微企业很难获得充足的投资金额，可见科技小微企业的资金投入往往低于最优配置水平。但因科技创业活动能够带来区域就业、产业技术、科技实力等高外部溢出效应和可持续创新效应（田增瑞等，2019），因此得到政府的大力扶持。在政府各种税收、财政政策的优惠支持下，创投机构和银行纷纷加入孵化网络与孵化器合作，在与孵化器的有效沟通下对在孵企业进行风险投资。

在企业孵化网络财力资源的配置过程中，通过初期对平台建设的基础投资来建设园区、孵化器，吸引到一定数量的创业企业，通过孵化企业和创业企业的努力来赢得更多金融机构的投资，投入企业孵化后期，最终获得孵化活动的经济收入。

3）科技物力资源构成及配置过程

在企业孵化网络中，科技物力资源承担着提供基础设施的主要任务，是孵化器和创业企业开展科技活动的基础物质保障。企业孵化网络中的科技物力资源一般包括企业入驻场地（孵化器）、科研仪器设备、生产设备等资源。物力资源的丰裕程度能够从一个侧面反映出区域孵化产业的创业实力，也能够体现出区域对创业活动的重视程度。上述物力资源分别来自不同主体，体现了其不同的作用和运作机制。首先是孵化器。孵化器一般由政府建造、闲置仓库改造、大学及企业建设等多种方式组成，是孵化活动开展的前提。我国各区域每年在地方政府的倡导下兴建大量孵化器，另外，地方一些高校和企业利用自身强大的科技和经济背景来帮助中小企业创业，将其多余空间作为孵化器来开展创业孵化工作。然而不顾需求一味地建设只能造成对资源的浪费，目前多地孵化器建设已出现硬件冗余现象。其次是科研仪器设备。科研仪器设备多为学校及研究所、实验室等科研机构所属，大型公司的研发部门也是仪器设备重要的拥有者，在孵企业通过共享的方式使用仪器，完成研究工作。此外，生产设备包括试产设备和量产设备，拥有者一般为科研中试基地和在孵企业。在孵企业成果转化初期的产品试产一般通过与中试基地合作来完成，当有量产需求时可与大型企业合作完成代工，或者当在孵企业获得大量融资时，通过建造生产线来满足自身生产要求。

在企业孵化网络中，对科技物力资源的配置要遵循先进性、共享性和适用性并举的原则，使其既能满足创业活动的需求，又能最小化冗余度。由上述对科技物力资源的论述可知，一切物质投入都是为了实现在网络中更好地吸收优质创业企业，进而帮助其进行创业孵化。因此，科技物力资源的投入从初始孵化器建设便已开始，贯穿了整个科技孵化的过程，是整个科技资源配置过程中的投入资源。

4）科技信息资源构成及配置过程

在企业孵化网络中，科技信息资源一般是指已经完成或正在研发的科研成果，是创业创新持续进行的重要源泉。企业孵化网络中的科技信息资源由两部分构成，一部分是指创业企业的科技成果，主要包括创业者在孵化初级阶段自身获得的专利、论文、知识产权等科技成果和从外部引入的科研成果；另一部分是指对网络中在孵企业开展创业活动有价值的其他信息资源。由于企业自身资源极度贫乏，因此其内部研发活动有很大的局限性，若想完成由科研创意到科研成果的转化，必须联合高校和科研机构进行科研项目合作，催生科研成果的产生。创业者在未开展创业活动时已拥有的专利、知识产权、论文等成果也是重要的科技信息资源。此外，主要由孵化器提供的其他信息资源也是孵化网络中重要的信息来源，此类资源主要由孵化器为网络成员以共享信息平台的形式提供。共享信息平台将互联网技术作为硬件支撑，为孵化网络结点成员提供及时信息服务，其服务内容主要包括创业企业在各阶段所遇的难题解答库、现有问题的专家解答、国家及地方最新创业政策及其解读等信息，这些信息资源为创业者在创业过程中指明了方向，有助于其提高在孵企业现有科技成果的转化和创业活动的持续进行。另外，平台也为中介及创投机构提供在孵企业相关信息，有助于其他机构及时了解创业企业的信息，对在孵企业提供有效帮助。可以说，共享信息平台为整个孵化网络资源利用效率的提升提供了简洁有效的途径，极大地深化了孵化网络的服务质量并有效确保了孵化网络的服务效率。

由以上论述可知，企业孵化网络中的科技信息资源是网络中创业孵化活动的中间产出兼投入资源，为最终实现创新产品的生产和培育具有市场竞争力的企业提供源源不断的科技支撑，因此属于过渡性资源。

（2）企业孵化网络科技资源配置模型的构建

由于企业孵化网络的科技资源配置效率研究较为少见，鉴于企业孵化网络是区域创新网络的子网络,因此将后者的研究成果进行梳理以做类比。近年来学者们倾向于将创新过程分解为两个阶段以研究其效率:段云龙和余义勇(2017)使用两阶段模型评价技术创新网络运行效率时把科研人员和科研经费作为前一阶段的投入,把论文和专利当做前一阶段的产出和后一阶段的投入,将科技人才输出量和创新平台数量当做后一阶段的产出。阮卓婧、陈骏宇和阮建雄(2013)在研究海洋产业创新过程时将整个过程分为两个阶段——创新成果产出阶段和创新成果转化阶段,人力和物力投入作为第一阶段投入,专利、成果和项目作为第一阶段产出和第二阶段投入,企业经营收益为第二阶段产出。包群英、鲁若愚和熊麟(2016)同样把平板显示产业创新效率分为创新和成果转化两个阶段。

从系统论角度来讲,区域孵化网络是一个投入产出的创新创业系统,而企业孵化网络科技资源配置是指网络成员在系统内部共享信息、技术、设备等资源以助创业企业弥补自身资源的不足(Pettersen et al.,2016)。在前述对企业孵化网络构成的基础上,结合对科技资源配置原则、配置目标及配置客体及其过程的分析,同时结合前人对创新效率、创新网络的研究成果,认为区域企业孵化网络的创业孵化过程类似于一般创新过程,是网络主体在基础科技资源通过系统内部运作转化为创业关键科技资源之后进一步转化为孵化科技成果产出的过程,可将企业孵化网络科技资源配置的过程分解为资源获取和成果转化两个阶段。在各网络主体结点对基础人力、物力、财力和信息科技资源的科学配置下,企业孵化网络中诞生了大批成熟的科技企业,在解决了区域大量科技就业问题的同时也产生了可观的经济收益。在网络运作过程中,人员投入、物资投入和资金投入共同产出了成熟的毕业企业、企业就业人员和企业收益(殷群和张娇,2010),而在创业孵化的过程中吸引了大批科技创业企业入驻孵化器,产生了基础性科研成果,同时获取了企业和孵化器得以进一步发展的资金,这些资源都是过程性科技成果资源,将会进一步投入系统中而实现创业孵化的终极目标。

因此,采用"资源获取—成果转化"二阶段模型来深入刻画网络中科技资源的配置全过程，从一定程度打开系统资源配置的"黑箱"（见图3-3）。

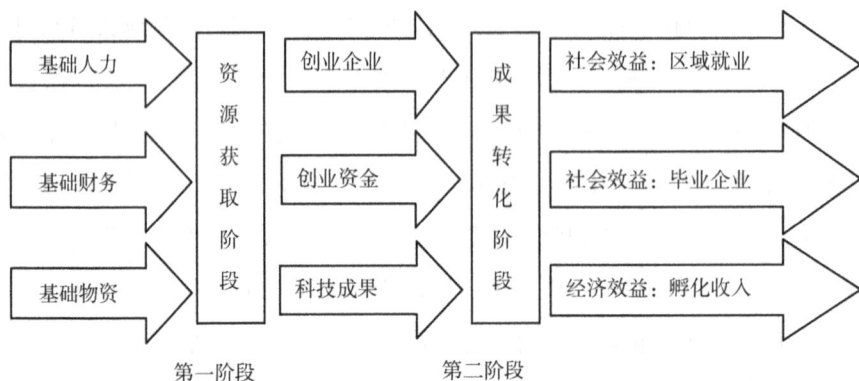

图3-3　企业孵化网络科技资源配置二阶段模型

第一阶段是资源获取阶段，也是网络中科技资源配置的初级阶段，主要为孵化活动产生最终成果而争取优质资源。该阶段体现出孵化网络将初级投入转化为创业成果所需资源的决心和能力。在这个阶段，网络中各结点机构在相互作用下将初始的科技人力、物力、财力资源投入系统中，从而获得大量后期孵化所需资源，其产出主要包括创业者资源（入驻孵化器的大量在孵企业）、创业资金资源（在孵企业赢得的风险投资、孵化器赢得的孵化建设基金）和初步的科研成果（创业企业初期的科研成果），这个阶段是科技资源获取的重要阶段，为孵化器和创业企业在孵化后期进行成果的转化创造条件。该阶段的产出作为过渡性资源进一步投入第二阶段。

第二阶段是成果转化阶段，也是孵化网络科技资源配置的高级阶段。本阶段投入的是第一阶段的产出资源，产出的是最终孵化成果。在此阶段中，网络中各组织通过对科技资源的进一步配置实现了区域企业孵化网络孵育企业、创造就业岗位和实现经济效益的终极目标。该阶段中投入资源是第一阶段孵化器吸收的入孵企业、孵化器和在孵企业收获的发展投资以及企业取得的科研创新成果。在孵企业通过合理运用所获资金，经过市场调研、渠道开拓和反复试产等工作将第一阶段的科研成果成功转化为具有市场竞争力的成熟科技产品。在此过程中，在孵企业得到孵化器和其他辅助机构的各项支持而度过创业艰难期，从孵化器毕业进而参与市场竞争；另外在孵企业广泛吸收科技工作人员，为区域创造了大批就业岗位；同时孵化器获得创业企业反哺的经济收入，为孵化下一批创业企业提供经济保障。以上对于创业企业的培育和就业岗位的提供充分体现了孵化网络的社会收益性贡献，而经济收入充分体现了孵化网络的经济收益性贡献。

3.4　本章小结

　　本章首先对企业孵化网络内涵、结点和关系做出深入分析，而后借鉴近年来创新系统资源配置过程的研究范式，对企业孵化网络科技资源客体的特征及其配置过程进行分析并提出科技资源配置的二阶段模型：资源获取阶段—成果转化阶段模型，为效率评价指标及评价模型的进一步构建提供研究的理论基础。

4 区域企业孵化网络科技资源配置效率评价指标体系及模型构建

效率是衡量科技资源配置效果的主要指标，因此，效率评价在科技资源配置研究中处于基础和核心地位。而科技资源配置效率的评价指标和模型构建是进行效率测算的基础，是评价系统的价值体系在形式上的抽象，因此是确保评价精确且深入的首要任务。本章在前述理论的基础上进行指标体系的设计和效率评价模型的设定，为科学地开展效率评价做好前序工作。

4.1 效率评价指标体系构建

从评价者角度来看，个人的主观倾向、胜任能力以及群体集团利益的偏向性可能会影响评价结果，因此有必要引入多维度评价指标体系对评价对象进行全面评判以确保评价结果的公正准确。从这个角度来讲，评价指标的科学构建比效率评价本身更为重要。科学的评价体系有助于提高决策效果，反之不仅对决策者的决策过程没有帮助，更有可能引起科技资源的"误配"，因此效率评价指标体系要从科学的角度构建，兼顾社会效益和经济效益，体现公益、公平与经济性。

4.1.1 评价指标体系设计原则

Kaplan 和 Norton 指出绩效评价不能使用单一维度指标，容易造成结果的偏颇。企业孵化网络科技资源配置指标体系涉及经济学、统计学、社会学等诸多领域，其构建过程是一个复杂的系统工程（杜鹃，2014），需要兼顾多个原则，综合考虑社会效益、经济效益等因素而不能单纯以孵化器利润进行评判。在指标体系的构建中要尽量避免主观偏差问题，考虑如下原则：

（1）目标导向原则

一切绩效评价的最终目的是使被测对象朝指标指引方向发展（徐菱涓，2010）。科技企业孵化器为培育创业企业而成立，因此企业孵化网络的最终服务宗旨是为地方创新经济联合孵育优秀的创业者和合格的创业企业。对区域企业孵化网络资源配置效率进行评价的目的是比较区域间投入产出效率，找出效率差异并指出投入冗余和产出不足地区并提出改进方向，因此可以说评价结果为区域整体孵化网络在科技资源投入产出方面提出指导性意见，即帮助政府制定科学的创新孵化变革战略，同时帮助创投群体、创业者群体以及各中介机构群体选择合适的区域进行资源投入。

（2）综合评价原则

企业孵化网络的运营主体和资源配置主体是孵化器；服务主体是各中介机构、政府、大学及科研机构、创投机构、孵化器协会等组织；服务对象是小微科技创业企业。各机构主体的科技资源在孵化器的辅助下完成流动和重组，确保创业企业的顺利孵化。此外，企业孵化网络为区域提供一定经济来源，提供大量创业和就业机会，更重要的是促进合作机构间大量科技成果的研发和产品化。由此，效率评价指标的构建要求评价体系能够对上述功能做出综合反应，不能只考虑某一个或几个单向因素，必须坚持系统性原则，全面、客观地显示企业孵化网络在各类科技资源投入产出中的实际运作效果，反映其对区域经济社会在可持续发展方面的重要辅助作用。

（3）精简独立原则

在绩效评价中很多指标由于存在于同一个系统而表现出较大的关联性，即指标间互为包含关系、重叠关系、因果关系等。然而，同一个体系中指标过于繁杂将导致孵化系统陷入过多细节而不能把握系统的本质，同时较多关联性强的指标叠加便意味着此类指标重复计入评价体系，因此可能影响评价结果的准确性，同时影响科技资源配置效率计算的时间和成本。故在指标选取时要在兼顾综合性原则的基础上尽量避免指标间的相互关联和重叠，对不同指标要尽量找出其共性或对次要指标进行适当删减，确保其重要的测量含义留在评价体系，以尽量保证评价结果的科学准确。

（4）易得性原则

企业孵化网络是一个复杂网络，内部运作主体联系紧密，资源投入产出关系错综复杂，因此评价中要秉承评价科学化原则，科学化不等于神秘化和抽象化，而是要兼顾简单和易得，否则评价则不具备可操作性从而失去了存在的价值。由于我国企业孵化器数据的系统统计工作始于 2008 年，指标的设定至今仍在不断完善过程中，因此应将相对易测量且易获取的指标纳入评价体系中，并在设计时考虑后续指标变动的可能性，为后续研究对部分指标进行修订留出余地。总体来讲，企业孵化网络资源配置的指标设定目的即为将评价结果运用到区域实务，为区域企业孵化网络治理提供准确客观依据。

（5）动态性原则

企业孵化网络是一个飞速发展的科技创业网络，不同时期的网络具有巨大的差异。科技资源配置效率表征一种当下时点的配置效果，而由于资源配置行为本身又是在孵化过程中将投入不断转换到产出的一种活动，因此是一个强调动态过程的行为。效率评价是对总投入与总产出间关系的刻画，这种测度方式将孵化网络作为一个完整的系统进行了封装，而效率仅仅是对"黑箱"当期运行结果的刻画。要想打开"黑箱"解密内部运作特征，就需要对其本身进行持续跟踪。因此，从某种意义上来讲，动态性特征是孵化网络组织进行科技资源配置行为的本质特征，对系统进行纵向动态性研究比对才能帮助决策者对科技资源配置行为进行准确评价进而做出持续性改善。

4.1.2 评价指标体系构建

在效率指标构建中，学者们普遍关注的是核心资源的投入和目标性效果的产出。一些学者将孵化器的在职人员数、场地面积和当年总收入与基金总额作为资源投入指标，将累计毕业企业数、在孵企业人员数及在孵企业上缴税金作为产出指标对孵化器运行效率做出评价（殷群和张娇，2010），也有学者将孵化器固定资产净值、孵化器面积、本科及以上学历人员数作为投入指标，将在孵企业收入总额、当年在孵企业毕业率、在孵企业人均收入及税收总额等作为产出指标（胡海燕等，2002）。在对同一省域中孵化器效率的评价中，刘帅和钱士茹（2011）以孵化器的经营管理人数、孵化基金总额与各类固定资产设备净额、孵化场地面积作为投入指标，以毕业企业数、在孵企业人数与孵化器管理人数、孵化器营业收入作为产出指标评价了安徽省科技企业孵化器的运行效率。

现有研究中将区域整体作为研究对象的效率评价较为少见，宋清（2013）首次做了评价尝试，从人力、财力、物力三个维度构建投入指标体系，即选取企业孵化器的从业人数构成人力资源维度指标，孵化器的孵化基金总额和累计公共技术服务平台投资总额作为财务资源维度指标，孵化器的孵化场地面积作为物力资源维度指标。在资源产出维度，具体从孵育成果、经济成果和科技创新成果三方面来讲，累计毕业企业数和当年在孵企业数作为孵育成果维度指标；企业孵化器总收入和毕业企业毕业时平均收入作为经济成果维度指标；当年在孵企业批准只是产权数作为科技创新成果维度指标。最后作者以区域为评价对象，研究中国各区域间资源配置效率的差异。此外，李娜娜等（2018）也将区域作为研究对象研究网络效率，将孵化器管理机构人数和创业导师人数作为人力资源投入指标，将孵化基金总额、累计公共服务平台投资总额作为财务资源投入指标，将孵化器数量和场地面积作为物质资源投入指标;此外,在产出指标方面,将毕业企业数及就业人数作为孵化成果产出指标,将孵化器收入作为经济产出指标,将知识产权数和发明专利数作为科研产出指标,采用 DEA 模型来测算各区域的孵化效率。上述两个研究是为数不多的整体网络效率研究。

在充分结合孵化产业特征和第 3 章科技资源配置模型的基础上,本书从网络中孵化器与在孵企业两大核心主体出发,从区域企业孵化网络科技资源投入和产出两个部分构建其资源配置效率评价指标体系。如表 4-1 所示,初级投入部分包括人力资源维度、财务资源维度和物力资源维度指标(张力和聂明,2009)。对于产出类指标,孵化网络科技资源配置要达到社会效益和经济收益(宋清等,2014)。此外,按照第 3 章科技资源配置的二阶段理论模型,中间产出是第一阶段的资源积累,包括孵化器和创业企业的资金积累、创业企业群体积累和科研成果积累三个维度。

表 4-1 孵化网络科技资源配置效率评价指标体系

阶段指标类型	维度	指标
第一阶段投入	人力资源	孵化器管理机构人员总数 I1
		创业导师数 I2
	财务资源	累计公共服务平台投资额 I3
	物力资源	孵化器数量 I4
		孵化场地面积 I5
中间产出/投入	创业群体	在孵企业数量 M1
	创业资金	在孵企业累计获风险投资额 M2
		孵化基金总额 M3
	科研成果	获批知识产权数 M4
		发明专利数 M5
第二阶段产出	社会效益	当年毕业企业数 O1
		在孵企业人数 O2
	经济收益	孵化器总收入 O3

资料来源:作者根据第 3 章模型与本章论述整理而得。

（1）第一阶段投入类指标

第一，人力资源维度。从某种程度来讲，孵化科技人员的投入反映了当地科技创新系统对孵化器的重视程度。孵化人员投入对网络有着重大的服务效应，而这些孵化服务大体上可分为管理服务和技术服务两种类型，也即科技企业创新系统需要立足于运筹帷幄的高级管理人员与提供科技创业指导的咨询服务人员（创业导师）。研究表明，较之于孵化器的物理支持，创业导师的项目策划、市场引导、财务辅助、法律援助和企业战略远景规划等智力资源支持对创业者的成功帮助更大。本书选取孵化器管理机构人员总数和创业导师数作为人力资源投入指标。

第二，财务资源维度。财务资源的投入反映出区域对孵化器建设的重视程度，是区域创新投入的重要体现。在财务投入中，政府资助及第三方投资机构的财务支持是对孵化企业创业成功起主导作用的部分。其中公共服务平台的投资是重要部分。孵化平台的投资一般用于孵化园区硬件设施的建设和信息资讯等软性条件的建设，园区硬件建设是指完善孵化器外部发展环境，为在孵企业提供便捷的设备和交通用以吸引更多优质创业企业和辅助机构加入网络。此外，孵化信息资讯平台一般以内、外部创业信息网为表现形式，外部信息网协助孵化器进行品牌构建以吸引更多优质创业企业入驻。内部信息网以注册会员的形式为在孵企业提供产品市场渠道、融资等需求信息，为金融、中介等机构提供在孵企业发展状况。因此公共服务平台是企业孵化网络首要的资金投入，反映了平台为在孵企业提供硬件和软件支持的能力，当公共服务平台投资资金额较大时表示孵化网络具有足够的资金来支持创业企业的发展，同时为网络中其他机构提供了便捷的信息渠道。基于此，选取累计公共服务平台投资额作为财务资源投入指标。

第三，物力资源维度。物力资源投入是指区域为支持本地孵化产业而投入的经改造或新建的孵化场所、共享的或购置的机器设备等物质资源，一般为企业闲置厂房、实验仪器设备、高校或研究机构实验基地等，经政府协调规划而投入孵化网络的运营，实现对创业企业的扶持。按照指标易得性原则，在以上物力资源中本书选取孵化器数量和孵化场地面积作为投入指标。孵化器数量反映了区域对孵化产业投入的力度和为区域营造的创业氛围的热度，是区域孵化投入最直接的一种体现。孵化场地使用面积指孵化器为支持创业企业而提供的用地，此外还包括与其他机构以合同方式确定的可自由支配的孵化场地面积之和。主要包括孵化器办公场所、入驻企业使用场地、公共活动场所（创业者活动室、就餐区、会议室、打印室）、网络内孵化辅助机构用地之和等。

（2）第二阶段产出类指标

首先是社会效益维度。区域企业孵化网络的宗旨在于为创业者提供一个有利于创新孵化的平台，在孵化器的协助下网络平台系统能够孵化一批高效运作、快速成长的高科技企业（王艺博，2013），同时为当地创造更多就业岗位，吸收大批科技人才和管理人才。一方面，孵化网络确保创业企业以最低成本获取各种资源，以使其快速成长并赢得市场竞争，因此孵化网络的产出效果可以通过入孵企业的毕业情况来衡量（Tang et al.，2014），合格的毕业企业为区域经济注入创新活力，提升区域经济竞争力。另一方面，在提供创业辅助的同时孵化网络也培养出一大批懂技术、精管理、拓市场的优秀人才，成为社会发展重要的人力输出，因此对于就业岗位的提供也是孵化网络重要的贡献（Diez & Montoro，2017）。本书将反映网络孵化能力的当年毕业企业数和网络所解决的就业人数（也即在孵企业人数）作为孵化成果的具体指标。

其次是经济收益维度。从孵化产业的发展角度来讲，孵化器只有确保一定的获利能力才能确保其长期的可持续运作。孵化器在初创企业盈利的同时也将获得一定比例的孵化收入，孵化系统将收入用于平台服务设施的不断改良与升级中，从而有利于扩大规模或进行专业化建设。具体来讲，本书选取区域孵化器总收入作为经济收益的主要指标。孵化器总收入是指孵化器全年的生产产品销售收入、技术性收入和与本企业产品相关的商品的销售收入、其他业务收入、营业收入等各种收入的总和，代表区域企业孵化网络的主要收入。科技企业孵化器的运营情况是整个孵化网络（特别是在孵企业）得以良性运作的重要基础，故可以说孵化器的盈利是检验孵化网络效率的一项重要指标，本书将孵化器总收入作为衡量最终孵化网络经济收益的主要指标。

（3）中间产出/投入指标

中间指标是指第一阶段产出兼第二阶段投入的指标部分，孵化网络的终极目标是为区域持续孵化成熟的具有竞争力的企业并为区域提供大量科技就业岗位和获得一定孵化经济收入，而在经过初步人、财、物资源投入之后孵化网络能够吸引大批创业企业、较多的资金储备和科技成果储备，以作为第二阶段的投入资源。

第一，创业群体。在资源开发阶段，孵化网络通过孵化器场地设备、人员等软硬件供应和公共孵化服务平台等建设来吸引创业企业加盟孵化器进行创业孵化。因此，此阶段对于创业和辅助创业组织的吸引数量成为一项主要产出。孵化网络在孵化器数量和质量得到一定保障后会提升网络整体的口碑，在政府优惠政策的扶持和创业环境的影响下，区域中具有创业意向的科技工作者会日趋增多，越来越多的创业者选择进入孵化器接受其更加专业的帮助。当在孵企业达到一定数量后将有利于实现孵化网络服务对象的规模经济效应，为下一个成果转化阶段提供创新主体。因此，孵化器吸收的创业企业数量是衡量第一阶段（资源获取阶段）产出绩效的一项重要指标，也是第二阶段（成果转化阶段）投入的一项主要指标，本书选取在孵企业数量作为首要的中间变量指标。

第二，创业资金储备。经过一段时间的短期运营后网络中各机构间的合作逐步走入正轨。首先，孵化器不断根据运营状况来争取到更多的政府财政拨款和银行贷款作为进一步发展的孵化基金，成为孵化器自由支配的资金池，孵化器一般用其进行孵化场地的建设、软硬件的购置，完善现有孵化业务和开拓新的孵化业务，帮助创业企业完成运营所需项目支持。其次，在孵企业获得一定风险投资用于企业下一步产品生产及市场开发。现有创业企业在一段时间内通过孵化器的帮助及自身努力获得创投等金融机构一定数额的风险投资额，用于科技企业自身建设的投入，这也是创业者入驻孵化器的一个首要初衷。可以说，孵化器的孵化基金和在孵企业获得的风险投资额是孵化器和创业企业第一阶段运作所赢得的资金储备，代表了政府、高校、科研院所、企业、中介机构等组织对孵化系统对孵化成果的期待。基于此，本书选取孵化基金总额和在孵企业累计获风险投资额作为资源开发阶段的资金储备成果，同时作为成果转化阶段的资金投入。

第三，科研成果储备。一个国家或区域的发展最重要的驱动力是其科学技术创新能力，企业孵化获得的科研成果数量反映出当地孵化网络本阶段的科技创新能力，是衡量区域创新能力的重要指标。在侧重于商业技术创新的创新孵化网络中，知识产权和专利是科技活动中知识形态的产物，也是最直接、最重要的产出形式。知识产权和专利描述了科技孵化产出的不同侧面，分别代表了创新活动中较为基础的研发成果和偏重应用的研发成果。尽管知识产权和专利指标可能会因损失创新质量、带有滞后性和受专利机构等人为因素的影响而受到部分学者的质疑，但二者在各地区申请、审查和授权的制度法规在一国范围内是基本一致的，因此二者是在不同地区内比其他指标更能代表知识形态存在的科研成果，是更具可比性（刘乃全，2016）、更能反映科技资源产出真实水平的指标，不失为广泛采用的创新产出指标（白俊红等，2016）。本书选取在孵企业每年获批知识产权数及发明专利数作为中间产出中科研成果储备指标，见表4-1。

4.2 效率评价模型构建

效率评价是通过对系统的投入和产出的比率测量来比较众多单元资源利用的效果，孵化网络的科技资源配置行为具有静态和动态特征。静态特征强调不同单元在同一时点上的效果差异，是一种横向对比；而动态特征强调资源配置全寿命周期过程，各评价单元不断将投入转化为产出，体现了效率的演化过程，代表资源配置的发展特点。本书即从静态和动态两个角度分别展开对网络间效率差异评价和效率变化过程评价，将二者研究进行结合能够更好地刻画科技资源配置效率的特征和演化规律，对效率评价作出更加有效的研究成果。

在评价方法的选择上，由于网络内部个体间关系错综复杂，导致无法准确估计投入产出指标体系的权重和生产函数形式，因此首先排除使用参数的随机前沿分析方法。因数据包络分析方法具有无须事前确定生产函数关系式和指标权重的优势，可以对多投入、多产出系统进行效率评价并揭示效率变化的规律，故本书运用 DEA 方法进行效率评价。在模型构建上本书选取能够与第 4 章资源配置模型相匹配的二阶段链式网络 SBM 模型和 Malmquist 指数模型分别进行静态和动态效率的评价。

4.2.1　二阶段链式网络 SBM 模型

数据包络分析因无须设立特定的函数形式而使得评价易于进行，也正因如此，传统的 DEA 模型只关注位于生产活动两端的投入和产出，却忽视了通常以中间产品形式存在的系统内部的连接性因素，故无法体现评价单元的内部运行机制。Fare 等（1997）开发的网络 DEA（Network DEA）模型将整个生产过程分解为若干子过程，方便评价者和决策者更为具体地观察每个子过程的决策单元效率以提出各阶段的针对性建议，从而使得传统 DEA 模型的"黑箱"问题在一定程度上得以解决。此外，为准确反映投入冗余和产出不足与效率间的关系以提出针对性的改进措施，Tone 于 2009 年在网络 DEA 模型中加入松弛元素，提出了网络 SBM 模型（Tsutsui，2009），将网络 DEA 和 SBM 进行有效结合，以松弛变量为衡量基础，同时对决策单元整体效率和子阶段效率进行评估，在分阶段解析投入产出效率的同时克服了投入和产出同比例径向改进的局限，至此低效率生产单元的松弛量问题得到了完美的解决（Fukuyama & Weber，2010）。由于同时考虑投入和产出的模型计算效率结果比只考虑投入或只考虑产出的结果更加准确，因此本书使用非角度 SBM 模型进行计算。

假设评价系统包含 m 个决策单元 $DMU_j(j = 1, 2, \cdots, m)$ 和 N 个子阶段 $(n = 1, 2, \cdots, N)$，子阶段 n 中有 r_n 个投入和 s_n 个产出。这样，决策单元 j 的子阶段 n 的资源投入量用 x_j^n 表示；其资源产出量用 y_j^n 来表示；子阶段 n 的产出同时是子阶段 v 的投入，用 $z_j^{(n \to v)}$ 表示；ω^n 是阶段 n 的相对权重；子阶段 n 的投入冗余和产出不足分别用 s^{n-} 和 s^{n+} 矩阵表示。则网络 SBM 模型整体效率模型表示为：

$$\theta = \min_{\lambda^n, s^{n-}, s^{n+}} \frac{\sum_{n=1}^{N} \omega^n \left[1 - \frac{1}{r_n} \left(\sum_{p=1}^{r_n} \frac{s_{p0}^{n-}}{x_{p0}^n} \right) \right]}{\sum_{n=1}^{N} \omega^n \left[1 + \frac{1}{s_n} \left(\sum_{q=1}^{s_n} \frac{s_{q0}^{n+}}{y_{q0}^n} \right) \right]}$$

$$\text{s. t.} \begin{cases} \sum_{j=1}^{m} x_j^n \lambda_j^n + s^{n-} = x_o^n, \quad n = 1, 2, \cdots, N \\ \sum_{j=1}^{m} y_j^n \lambda_j^n - s^{n+} = y_o^n, \quad n = 1, 2, \cdots, N \\ \sum_{j=1}^{m} z_j^{(n \to v)} \lambda_j^n = \sum_{j=1}^{m} z_j^{(n \to v)} \lambda_j^v = z_0^{(n \to v)} \\ s^{n-} \geq 0, \ s^{n+} \geq 0, \ \lambda_j^n \geq 0, \ \omega^n \geq 0 \\ \sum_{n=1}^{N} \omega^n = 1 \\ \sum_{j=1}^{m} \lambda_j^n = 1 \\ \lambda_j^n \geq 0 \end{cases} \quad (4-1)$$

此外，该评价模型的子阶段 v 的效率为：

$$\theta_0^v = \frac{1 - \frac{1}{r_n} \left(\sum_{p=1}^{r_v} \frac{s_{p0}^{v-}}{x_{p0}^v} \right)}{1 + \frac{1}{s_v} \left(\sum_{q=1}^{s_v} \frac{s_{q0}^{v+}}{y_{q0}^v} \right)}, \quad v \in \{1, 2, \cdots, N\} \quad (4-2)$$

现有的网络模型主要包括链型系统模型、并行系统模型以及链型和并行两种结合的混合 DEA 网络模型（刘俊华等，2017）。郭文等（2017）的研究表明，当决策单元 SBM 网络效率为整体有效时，其每个子阶段也为有效阶段。换句话说，当有一个子阶段无效，则总体 SBM 网络效率为无效。由于该模型目标函数为最小值，也称为最大松弛距离。由于研究的区域企业孵化网络的运作由资源获取和成果转化两个主要阶段构成，在逻辑上具有先后顺序，因此适合运用网络 DEA 中的二阶段链式网络结构进行评价，在该模型中，第二阶段的投入为第一阶段的产出。

4.2.2　Malmquist 指数模型

为进一步评价各省域孵化网络资源配置效率的变化特征，本书使用 Malmquist 指数模型进行纵向研究。Malmquist 指数在经济学中又称为全要素生产率变化指数，由瑞典经济学家 Malmquist 提出，最初用来研究不同时期消费情况，目前已广泛应用于区域经济、企业发展及技术创新领域。该指数的本质是将距离函数拓展到生产率测算领域：在一个具有多投入、多产出的生产单元中，若用 (x^t, y^t) 表示第 t 期的投入量和产出量，则 t_1 期到 t_2 期的 Malmquist 生产率指数定义如下：

$$M(x^{t_1}, y^{t_1}, x^{t_2}, y^{t_2}) = \left(\frac{D^{t_1}(x^{t_2}, y^{t_2})}{D^{t_1}(x^{t_1}, y^{t_1})} \times \frac{D^{t_2}(x^{t_2}, y^{t_2})}{D^{t_2}(x^{t_1}, y^{t_1})} \right)^{1/2} \tag{4-3}$$

其中，$D^{t_k}(x^{t_j}, y^{t_j})$ 是距离测度，代表时期 t_j 的观测值到基期 t_k 期技术前沿的距离。其中，$M^{t_1} = \dfrac{D^{t_1}(x^{t_2}, y^{t_2})}{D^{t_1}(x^{t_1}, y^{t_1})}$ 为以 t_1 时期技术为前沿参照面的效率变化，$M^{t_2} = \dfrac{D^{t_2}(x^{t_2}, y^{t_2})}{D^{t_2}(x^{t_1}, y^{t_1})}$ 为以 t_2 时期技术为前沿参照面的效率变化。可见只有当两个时期前沿面重合时二者效率值才相等。为了得到较为准确的效率变化值，学者们一般选取两个时期的指数变化的几何平均数来表示。

Malmquist 指数可分解为技术效率变化 *EFFCH* 和技术进步 *TECHCH* 两

部分:

$$EFFCH = \frac{D^{t_2}(x^{t_2}, y^{t_2})}{D^{t_1}(x^{t_1}, y^{t_1})} \tag{4-4}$$

$$TECHCH = \sqrt{\frac{D^{t_1}(x^{t_2}, y^{t_2})}{D^{t_2}(x^{t_2}, y^{t_2})} \times \frac{D^{t_1}(x^{t_1}, y^{t_1})}{D^{t_2}(x^{t_1}, y^{t_1})}} \tag{4-5}$$

技术效率变化也被称作"追赶效应",即被测单元技术效率的变化效应,具体来讲是指评价单元从一个时期到另一个时期"追赶"生产前沿面的变化程度,反映的是评价单元提高效率(组织、协调、管理能力等)的努力程度的变化。若该值大于1则表示该评价单元离前沿面更近了一些,即相对技术效率有了提高,反之表示技术效率降低。技术进步也被称为"增长效应"或"前沿移动",是指技术前沿面从 t 时期到 $t + 1$ 时期的移动情况,反映了两个时期所有被测单元所参照的生产前沿的移动,也有文献称其为创新效应。若该值大于1则说明后一时期出现了技术进步或创新,反之出现了技术退步。二者乘积 Malmquist 指数若大于1表示两时期间生产率提高,反之表示生产率有所降低。

网络 SBM Malmquist 模型就是在网络 SBM 模型的基础上考虑多时期生产率增长问题的网络模型,其模型可分解成整体的生产效率变化、技术变化,也可以分解到各子系统生产率变化、技术变化指数,用以评估生产率增长变化及其构成,并能判断各子系统全要素生产率增长及其构成。网络 SBM-Malmquist 指数可以根据 Malmquist 的类型来加以调整。我国学者陈刚博士首次开发出 MaxDEA 软件,该软件将 SBM 网络模型与 Malmquist 指数有效合成为网络 SBM- Malmquist 指数,该指数能够解释 SBM 网络模型中被评价个体随时间推移过程中各阶段效率值及总效率值的变化,有助于效率的动态演化研究,因此作为本书的选用模型。

4.3 数据特征及指标相关性分析

4.3.1 数据特征分析

（1）数据范围

本书所涉及的东部、中部、西部和东北地区具体划分参照《中国火炬统计年鉴》的标准：东部地区包括北京、天津、河北、上海、江苏、浙江、福建、山东、广东和海南10个省市区；中部地区包括山西、安徽、江西、河南、湖北和湖南6个省市区；西部地区包括内蒙古、广西、重庆、四川、贵州、云南、西藏、陕西、甘肃、青海、宁夏和新疆12个省市区；东北地区包括辽宁、吉林和黑龙江3个省市区。由于西藏与海南的统计数据仅出现在少数年份，且较多数据缺乏详细统计，因此基于数据完整性考虑，本书暂不把二者列入考察范围内。

（2）数据采集

科技部自2008年开始正式颁布《中国火炬统计年鉴》以反映我国火炬计划、技术市场、全国生产力促进中心发展情况，其中包含对于全国各区域孵化器建设的数据统计。本书的效率评价数据全部来自《中国火炬统计年鉴》。在数据采集过程中涉及三个统计问题：①在网络核心成员——孵化器的选取方面，由于非国家级孵化器的数据于2013年开始不再作为统计对象，因此鉴于统计口径的一致性，本书采用能够代表各省市区孵化能力最高水平的国家级孵化器作为区域企业孵化网络内部结点成员。②在测评年份筛选方面，由于《中国火炬统计年鉴》于2008年首次颁布，因此多数指标选取并不完善且缺失较多，2009年才体现出完整性。故本书选取2009~2017年的年鉴数据，指标值对应到 2008~2016 年的数据值。③在指标值确定方面，由于 2013 年前后统计年鉴的统计口径发生变化，因此将 2008 年作为本书的指标汇总分界点。本书 2008~2012 年的统计数据根据历年《中国火炬统计年鉴》各省市区国家级孵化器发展数据经作者汇总处理而得，2013~2016 年数据直接获取于《中国火炬统计年鉴》各省市区国家级孵化器相应指标值，当遇到个别省份统计值缺失时，作者联系该省科技厅获取数据作为补充，以确保数据的客观、真实和完整。

(3) 初始数据特征及处理

在进行效率评价之前，本书首先运用 SPSS 软件对指标进行描述性统计分析，得到指标的平均值、最大值及最小值及标准差指标，指标分解结果如表 4-2 所示。表中所列值为效率研究阶段 2008~2016 年的数据特征，由于青海省孵化器建设始于 2009 年，因此在 2008 年该省所有指标的指标值均为 0。此外，在早期年度指标中，个别省市区创业导师数、获批知识产权数、发明专利数及在孵企业累计获风险投资额的数值为 0，为避免 DEA 模型计算形成较大偏误，须将 0 值进行处理，在本书中，对出现 0 值的指标列进行标准化处理。在时滞处理方面，由于创新成果的形成和对科研成果的吸收需要一定的过程，因此本书设定第一阶段（资源获取阶段）的基础资源投入和创业产出之间存在一年的时滞期，同时创新科研成果形成到在孵企业成功完成成果商品化并取得收益也需要一年的时间，另外，由于一般孵化器孵化一个在孵企业至少需要 2~3 年，因此经权衡，本书最终确定效率测算模型中投入指标年份为 2008~2014 年，中间指标年份为 2009~2015 年，而最终产出年份为 2010~2016 年。指标的描述性统计量如表 4-2 所示。

表 4-2 显示第一阶段五个投入指标值为 0，是由于在 2008~2009 年我国孵化产业尚处于发展初期，一些地区比如中、西部地区和东北地区部分省份在创新孵化方面经验不丰富，软硬件配套不完善，甚至有的省份刚开始进行孵化器建设，因此造成初始资源的严重短缺。为剔除物价因素的影响，本书采用 GDP 平减指数平减所有涉及资金的数值，以保证结果的准确性。

表4-2　指标数据描述性统计量

维度	指标	最小值	最大值	平均值	标准差
第一阶段投入	孵化器管理机构人员总数 I1	0	2674	340.53	371.795
	创业导师数量 I2	0	1823	188.16	277.573
	累计公共服务平台投资总额 I3	0	15126640	280075.52	1123054.85
	孵化器数量 I4	0	158	16.60	20.210
	孵化场地面积 I5	0	8155114	782262.79	1048901.27
中间产出/投入	在孵企业数量 M1	20	11903	1632.67	1547.705
	在孵企业累计获风险投资额 M2	0	12311665	784015.15	1560019.92
	孵化基金总额 M3	1	11146026	417237.22	1002685.64
	获批知识产权数 M4	0	11050	977.42	1418.43
	发明专利数 M5	0	2496	272.86	369.85
第二阶段产出	当年毕业企业数 O1	2	1545	155.61	194.65
	在孵企业人数 O2	1	221115	30201.40	30533.19
	孵化器总收入 O3	728	2404079	228213.69	361343.9

资料来源：经作者整理得出。

4.3.2　指标相关性分析

在链式网络 DEA 分析中，投入与产出指标间的关系检验被学者们认为是分析前至关重要的一步，效率的测度与投入与产出的相关性有很大关系，投入与产出的相关度越高，指标间内在逻辑性越强，评价结果越可靠（余勇晖等，2015）。因此，本书通过 Pearson 相关性检验对进行过滞后性处理的指标间相关系数进行测度，结果如表4-3所示。表中结果显示，投入变量和中间变量间相关系数、中间变量和产出变量间相关系数，以及投入变量和产出变量间相关系数均通过了检验，个别数值偏低但考虑到模型传导机制的影响，并不会影响其内在的因果关系，因此模型的投入产出效率将不会受到影响。

表 4-3 Peason 相关系数检验

		I1	I2	I3	I4	I5	M1	M2	M3	M4	M5	O1	O2	O3
I1	相关性	1	0.980**	0.895**	0.291**	0.938**	0.642**	0.976**	0.524**	0.882**	0.851**	0.929**	0.866**	0.957**
	显著性		0.000	0.000	0.000	0.000	0.000	0.000	0.000	0.000	0.000	0.000	0.000	0.000
I2	相关性	0.980**	1	0.885**	0.292**	0.910**	0.636**	0.948**	0.615**	0.863**	0.840**	0.909**	0.885	0.932**
	显著性	0.000		0.000	0.000	0.000	0.000	0.000	0.000	0.000	0.000	0.000	0.000	0.000
I3	相关性	0.895**	0.885**	1	0.198**	0.843**	0.585**	0.852**	0.447**	0.797**	0.767**	0.783**	0.790	0.871**
	显著性	0.000	0.000		0.005	0.000	0.000	0.000	0.000	0.000	0.000	0.000	0.000	0.000
I4	相关性	0.291**	0.292**	0.198**	1	0.230**	0.207**	0.275**	0.157*	0.257**	0.214**	0.231**	0.225**	0.305**
	显著性	0.000	0.000	0.005		0.001	0.003	0.000	0.026	0.000	0.002	0.001	0.001	0.000
I5	相关性	0.938**	0.910**	0.843**	0.230**	1	0.600**	0.957**	0.379**	0.869**	0.856**	0.944**	0.807**	0.930**
	显著性	0.000	0.000	0.000	0.001		0.000	0.000	0.000	0.000	0.000	0.000	0.000	0.000
M1	相关性	0.642**	0.636**	0.585**	0.207**	0.600**	1	0.635**	0.483**	0.618**	0.622**	0.625**	0.613**	0.636**
	显著性	0.000	0.000	0.000	0.003	0.000		0.000	0.000	0.000	0.000	0.000	0.000	0.000
M2	相关性	0.976**	0.948**	0.852**	0.275**	0.957**	0.635**	1	0.475**	0.901**	0.875**	0.969**	0.861**	0.954**
	显著性	0.000	0.000	0.000	0.000	0.000	0.000		0.000	0.000	0.000	0.000	0.000	0.000
M3	相关性	0.524**	0.615**	0.447**	0.157*	0.379**	0.483**	0.475**	1	0.516**	0.500**	0.447**	0.667**	0.482**
	显著性	0.000	0.000	0.000	0.026	0.000	0.000	0.000		0.000	0.000	0.000	0.000	0.000
M4	相关性	0.882**	0.863**	0.797**	0.257**	0.869**	0.618**	0.901**	0.516**	1	0.971**	0.871**	0.811**	0.879**
	显著性	0.000	0.000	0.000	0.000	0.000	0.000	0.000	0.000		0.000	0.000	0.000	0.000
M5	相关性	0.851**	0.840**	0.767**	0.214**	0.856**	0.622**	0.875**	0.500**	0.971**	1	0.870**	0.791**	0.852**
	显著性	0.000	0.000	0.000	0.002	0.000	0.000	0.000	0.000	0.000		0.000	0.000	0.000
O1	相关性	0.929**	0.909**	0.783**	0.231**	0.944**	0.625**	0.969**	0.447**	0.871**	0.870**	1	0.843**	0.918**
	显著性	0.000	0.000	0.000	0.001	0.000	0.000	0.000	0.000	0.000	0.000		0.000	0.000
O2	相关性	0.866**	0.885**	0.790**	0.225**	0.807**	0.613**	0.861	0.667**	0.811**	0.791**	0.843**	1	0.862**
	显著性	0.000	0.000	0.000	0.001	0.000	0.000	0.000	0.000	0.000	0.000	0.000		0.000
O3	相关性	0.957**	0.932**	0.871**	0.305**	0.930**	0.636**	0.954**	0.482**	0.879**	0.852**	0.918**	0.862**	1
	显著性	0.000	0.000	0.000	0.000	0.000	0.000	0.000	0.000	0.000	0.000	0.000	0.000	

注：**表示在 0.01 级别相关性显著；*表示在 0.05 级别相关性显著。

资料来源：作者基于 SPSS23 软件计算而得。

4.4　本章小结

本章分析了区域企业孵化网络科技资源配置效率评价指标体系设计原则和依据，在此基础上构建了科技资源配置的投入与产出指标体系，在第3章资源配置理论模型的基础上提出静态和动态效率评价模型。最后将本书的数据特征和指标间相关性进行了详细分析，为下一章效率评价研究提供评价模型和数据基础。

5 区域企业孵化网络科技资源配置效率评价

对我国 29 个省域企业孵化网络的科技资源配置现状进行了分析，在此基础上利用第 4 章构建的二阶段链式网络 SBM 模型对各省效率进行横向评价，进而利用结合了网络 SBM 模型的 Malmquist 指数模型进行纵向效率评价，寻找各区域资源配置效率的变化规律，以期为各区域企业孵化网络科技资源配置效率的进一步提升提供理论依据。

5.1 区域企业孵化网络科技资源配置现状

我国首个孵化器于 1987 年在武汉东湖创业者服务中心成立，为初创企业提供创业场地、办公设备、生产空间、治安保卫、公共实验室、物业服务等基础硬件服务。1988 年国家将孵化器纳入火炬计划，鼓励区域建设科技企业孵化园区以支持区域科技服务和科技成果转移体系的发展（黄紫微和刘伟，2015），因此在发展初期的孵化器都以政府为背景，具有极强的社会公益性，因此可以享受一定数量的政府财政拨款及政策优惠，这也是其他投资机构所不具备的。在区域企业孵化网络中，孵化器在一定程度上代表了具有创新能力的主体，是区域进行科技孵化的基础。目前，我国已形成的具有代表性的优质区域企业孵化网络有以北京中关村为中心的区域企业孵化网络、以武汉光谷为中心的区域企业孵化网络以及以西安高新区为中心的区域企业孵化网络，这些网络中的组织机构在区域范围内形成强大的规模集聚效应，具有超强的市场生命力。

在我国政府的大力支持下，孵化器每年以一定数量缓慢增长，到1995年增长到73家，孵化器内部创业企业1854家，企业获收入达24.2亿元，为社会解决就业人口2.6万，累计从孵化器毕业企业364家。初期（1987~2000年）的缓慢增长并未使每个区域孵化器产业形成一定规模。伴随着全球创新产业的规模扩大及小微企业对经济的影响逐渐被人们所认知，我国政府从2000年开始出台了一系列扶持科技创业的政策，各地纷纷掀起孵化器建设热潮，逐年加大孵化器的建设力度，孵化器数量迅猛增加，同时孵化场地得到指数级增长。在2014年"大众创业，万众创新"的号召下，中国孵化器出现井喷式增长，截至2016年底，中国已成为全球孵化器数量最多的国家，科技企业孵化器达3255家，孵化场地达到1995年的267倍；在孵企业从1995年的1854家增加到13万家，在孵企业总收入自1995年以来除个别年份略微下降外总体呈大幅增长趋势，2016年当年总收入为1995年的205倍；在孵企业从业人员数从1995年的2.6万人增加到2016年的212.1万人[①]，累计毕业企业达9万家，至此我国成为全球数量第一的孵化器大国，各地区建立的孵化器网络已成为我国科技创新的重要力量（见表5-1）。

表5-1 我国企业孵化产业总体发展数据统计

年份	孵化器数（个）	场地面积（万平方米）	在孵企业数（个）	在孵企业总收入（亿元）	在孵企业从业人数（万人）	累计毕业企业数（个）
1995	73	40.2	1854	24.2	2.6	364
1996	80	56.6	2476	36.3	3.8	648
1997	80	77.5	2670	40.8	4.6	825
1998	77	88.4	4138	60.7	6.9	1316

---

① 资料来源：《2017中国火炬统计年鉴》。

年份	孵化器数 （个）	场地面积 （万平方米）	在孵企业数 （个）	在孵企业总 收入（亿元）	在孵企业从业 人数（万人）	累计毕业企业数 （个）
1999	110	188.8	5293	95.8	9.2	1934
2000	164	339.5	8653	207	14.4	2790
2001	324	634.7	14270	422.4	28.4	4281
2002	378	632.6	20993	230.5	36.3	6207
2003	431	1358.9	27285	759.3	48.3	8981
2004	464	1515.1	33213	1121.7	55.2	11718
2005	534	1969.9	39491	1625.4	71.7	15815
2006	548	2008	41434	1926.7	79.3	19896
2007	614	2269.8	44750	2621.9	93.3	23394
2008	670	2315.5	44346	1866.2	92.8	31764
2009	772	2901.3	50511	2000.8	101.2	32301
2010	896	3043.9	56382	3329.5	117.8	36485
2011	1034	3472.1	60936	3800.6	125.6	39562
2012	1239	4375.8	70217	4147.1	143.7	45160
2013	1468	5379.3	77677	3308.8	158.3	52146
2014	1755	6877.8	78965	3696.4	141.7	61944
2015	2533	8680	102170	4810.4	166.2	74853
2016	3255	10732.8	133286	4792.7	212.1	89694

资料来源：《2017 中国火炬统计年鉴》。

我国孵化产业发展历史主要划分为三个阶段[①]：第一阶段为 1987~1997 年的初级运营阶段，孵化器仅提供服务较为单一的硬件基础性资源，仅靠租金维持运营，这一阶段的孵化器操作单一且与外界机构没有交集，因此，发展较为缓慢；第二阶段为 1998~2004 年的增值发展阶段，此阶段的孵化器重视为在孵企业提供一定的咨询、金融等软性资源，但由于在孵企业数量较多而孵化器资源储备有限，故形成僧多粥少的局面，此阶段孵化产业相比第一

---

① 胡海燕，段韶芬，裴新涌. 我国孵化器发展的现状、特点与趋势 [J]. 科技进步与对策，2002（10）：191-193.

阶段虽然发展较快但仍无法满足创业企业的需求；第三阶段为 2005 年至今的网络化发展阶段，我国各地孵化器已与当地高校、科研、咨询、投资等机构建立起广泛联系且形成合作网络，充分利用当地资源发展孵化产业，有效促进了小微科技创业企业的成长。全国孵化产业发展情况如表 5-1 所示，网络化的区域孵化产业已为我国区域科技创新做出重要贡献。

5.2　效率评价结果分析

5.2.1　评价结果及系统有效性检验

（1）评价结果

采用 MaxDEA Pro6.6 软件对投入产出指标进行数据处理，在对区域进行静态时点效率测算时本书选取无投入产出导向的链式网络 SBM 模型。不妨设孵化网络的总效率为 E ，第一阶段效率为 $E1$，第二阶段效率为 $E2$，将各省域孵化网络的 E 、$E1$、$E2$ 按时间取均值并排序，令 $H = E2/E1$，代表阶段 2 与阶段 1 效率的比值；令 $E' = E1 \times E2$，将网络总效率 E 与 E' 进行比较表示生产单元有效性，关联系数比值 $RC = E/E'$ 列于表中。主要分析各区域的网络总效率和分阶段效率，进行模型优越性对比，列出普通 SBM 模型效率值作为参考（$E0$），各效率值列于表 5-2。

表 5-2　区域企业孵化网络年均资源配置效率及其排序

省市区	E	排序	$E1$	排序	$E2$	排序	H	排序	E'	$E0$	RC
安徽	0.486	22	0.792	17	0.620	24	0.784	25	0.491	0.794	0.989
北京	1.000	1	1.000	1	1.000	1	1.000	9	1.000	1	1
福建	0.528	20	0.728	21	0.738	16	1.013	6	0.537	0.6814	0.983

续表

省市区	E	排序	E1	排序	E2	排序	H	排序	E'	E0	RC
甘肃	0.446	24	0.821	15	0.498	28	0.607	29	0.409	0.587	1.09
广东	0.882	5	0.923	6	0.945	3	1.024	5	0.872	1	1.012
广西	0.272	29	0.606	28	0.466	29	0.770	26	0.283	0.360	0.963
贵州	0.603	17	0.863	10	0.679	22	0.787	24	0.586	1	1.03
河北	0.413	26	0.723	22	0.556	27	0.769	27	0.402	0.459	1.027
河南	0.931	3	0.985	3	0.940	4	0.954	16	0.926	1	1.006
黑龙江	0.359	28	0.523	29	0.769	21	1.308	1	0.357	0.568	0.894
湖北	0.770	11	0.831	13	0.722	18	0.869	22	0.600	0.796	1.284
湖南	0.783	10	0.816	16	0.781	13	0.957	15	0.637	0.863	1.228
吉林	0.586	18	0.705	23	0.787	12	1.116	4	0.555	0.838	1.055
江苏	1.000	2	1.000	2	1.000	2	1.000	10	1.000	1	1
江西	0.628	15	0.834	12	0.715	19	0.858	23	0.596	1	1.053
辽宁	0.488	21	0.651	27	0.798	15	1.226	2	0.520	0.687	0.939
内蒙古	0.789	8	0.902	8	0.829	10	0.918	18	0.748	0.881	1.055
宁夏	0.883	4	0.980	4	0.888	8	0.906	19	0.870	1	1.015
青海	0.723	12	0.928	5	0.918	6	0.989	13	0.853	0.889	0.848
山东	0.807	7	0.895	9	0.893	7	0.997	11	0.800	0.818	1.01
山西	0.478	23	0.702	24	0.693	20	0.987	14	0.486	0.829	0.983
陕西	0.720	13	0.826	14	0.631	23	0.764	28	0.522	1	1.381
上海	0.785	9	0.850	11	0.874	9	1.028	3	0.743	0.933	1.057
四川	0.556	19	0.747	20	0.742	14	0.994	12	0.554	0.719	1.002
天津	0.632	14	0.784	18	0.790	11	1.007	8	0.620	1	1.019
新疆	0.616	16	0.784	19	0.736	17	0.940	17	0.577	0.683	1.067
云南	0.400	27	0.690	26	0.604	26	0.876	20	0.417	0.531	0.96
浙江	0.846	6	0.910	7	0.920	5	1.011	7	0.837	0.887	1.011
重庆	0.437	25	0.697	25	0.607	25	0.872	21	0.423	0.757	1.033

注：E、$E1$、$E2$、E'、$E0$ 分别表示区域企业孵化网络资源配置的网络 SBM 效率、第一阶段效率、第二阶段效率、$E1 \times E2$ 以及运用普通 SBM 模型求出的效率值。

资料来源：作者经 MaxDEA Pro6.6 软件计算而得。

（2）系统内部有效性检验

在进行链式网络 SBM 模型分析时，不可或缺的一步是对系统中子过程的有效性进行检验，通过有效性检验的决策单元结构效应和组织效应是显著的。系统内部有效性一般用关联指数来描述，反映出生产系统内各阶段的联系强度，反映了生产系统在不同阶段生产效应间的衔接程度，进而表示各阶段产生作用后的外溢效应。计算方式为：

$$RC = \frac{E}{E1 \times E2} \tag{5-1}$$

当 $RC = 1$ 时，表示被测单元的总效率等于两个阶段效率值之积，这时该被测对象的两个阶段关联较弱；当 $RC > 1$ 时，表示被测单元的总效率大于两个阶段效率之积，这时该被测对象的两个阶段关联较强；当 $RC < 1$ 时，表示被测单元的总效率小于两个阶段效率值之积，这时该被测对象的两个阶段间没有关联（钱丽等，2012）。

表 5-2 中最后一列为反映各省域生产系统内部有效性的关联系数值 RC，表中结果显示考察期内各省域间关联指数不同，反映出各决策单元子过程的组织管理效率存在一定的差异。从表 5-2 中可以看出，安徽、福建、广西、青海、山西、辽宁、云南、黑龙江 8 省市区的总效率 E 小于两个阶段效率值之积，表明这些区域的企业孵化网络子系统间的关联是无效的，其在两个阶段的协调上处理得不够，在今后的孵化科技资源利用过程中需重视两个阶段的衔接关系，要有针对性地进行能力提升。其余省域处于强有效和弱有效状态，在协调性方面处理较好的省份有陕西、湖北、湖南三省，其系统有效系数达 1.2 以上，表明这些省份在孵化网络科技资源配置过程中两个阶段的协调上处理得较好，按照目前状态发展则各自效率会有很大提升。虽然个别省域系数值小于 1，但总体来说，大部分区域年平均关联指数大于 1，表明大多数区域在资源获取阶段和成果转化阶段间的衔接环节上处理得当，内部关联性较强，能够通过此模型来改进投入配置以优化产出，链式网络 DEA 模型的实证研究是有意义的。

5.2.2 横向效率评价结果分析

从表 5-2 可以看出，使用普通 SBM 模型测算的科技资源配置效率均高于网络 SBM 模型效率，且测算结果为 1 的效率值较多，说明普通 SBM 模型计算尚存在许多未识别的非有效运作环节。进而表明，利用二阶段网络 DEA 能够更准确地评价各单位资源配置效率。另外，二阶段网络 DEA 模型能够进一步分析效率低下是因哪个阶段发生了问题，有利于寻找关键影响因素从而进一步提升效率。对各省域企业孵化网络科技资源配置的整体效率、阶段效率评价以及整体效率和阶段效率间关系分析如下：

（1）整体效率 E 分析

本书将 29 个省域网络的效率划分为高、中、低 3 档：高效率的省市区效率区间为 0.7~1，主要包括北京、江苏、河南、宁夏、广东、浙江、山东、内蒙古、上海、湖南、湖北、青海和陕西 13 个省市区，这类地区的企业孵化网络科技资源配置结构相对合理，效率较高；中效率的省市区效率区间为 0.5~0.7，主要包括天津、江西、新疆、贵州、吉林、四川、福建 7 个省市区，这些省市资源配置有待进一步优化；低效率的省市区效率区间为 0~0.5，主要包括辽宁、安徽、山西、甘肃、重庆、河北、云南、黑龙江、广西 9 个省市区，这些地区科技资源配置效率低下，需要重点分析其低效原因并有针对性地进行效率提升。

总体来看，北京和江苏的企业孵化网络科技资源配置效率是在考察期内保持最高的地区，其他省市区的有效性则随时间推移有较大的起伏波动，从效率值排序可以看出，科技资源配置效率并未呈现出绝对的地区聚集现象。虽然效率值的高低与区域地方经济发展有一定的联系，但也不能排除个别不发达省市区走在了资源配置效率的前列，同时一些孵化产业发展势头较好的省市区却出乎意外地表现出低效状态。例如，作为西部地区的宁夏和青海，其孵化网络的科技资源配置效率领先于其他省份，处于高效率区间，虽然其孵化产业仍处于初期发展阶段，但对稀缺科技资源的配置却表现出科学性，这些地区的孵化产业发展潜力巨大；而近年来科技孵化产业发展迅速的重庆市却处于低效率区间，充分说明其在科技孵化产业的发展过程中虽然取得了巨大的成就，但并未充分实现资源的有效利用，其孵化科技资源配置存在着巨大的优化空间。

此外，国家级孵化器累计公共服务平台投资总额排名前10的省市区占各年效率排名前10的比例，从2010年到2016年分别为50%、40%、30%、50%、40%、40%、40%，表明了高资金投入与高效率水平间并没有必然联系。例如，天津、福建和重庆等区域虽然经济发展相对稳定，孵化科技资源投入相对较多，但其效率处于中低档，说明一些地区的孵化产业看似正如火如荼地开展，实则有规模不合理和资源浪费之嫌。在未来发展中有必要进行重新评估，适时收回不合格孵化科技资源的过度投入以集中发挥现有优势并进行针对性发展。

（2）阶段效率 $E1$、$E2$ 分析

根据表5-2中所列第一阶段的效率值 $E1$，可将所有省市区分为两个区间段，北京、江苏、河南、宁夏、青海、广东、浙江、内蒙古、山东、贵州、上海、江西、湖北、陕西、甘肃、湖南、安徽、天津、新疆、四川、福建、河北、吉林、山西24个省市区处于第一区间段，效率值为0.7~1；重庆、云南、辽宁、广西、黑龙江5个省市区处于第二区间段，效率值为0.5~0.7。从效率值列表可以看出孵化网络中科技资源第一阶段效率值分布较为集中，不存在完全无效率的省市区（0.5以下为完全无效率）。表5-2中第二阶段效率值 $E2$ 结果显示，处于0.7~1的省市区有20个，分别是北京、江苏、广东、河南、浙江、青海、山东、宁夏、上海、内蒙古、天津、吉林、湖南、黑龙江、四川、辽宁、福建、新疆、湖北、江西，处于0.5~0.7的省市区有7个，分别是山西、贵州、陕西、安徽、重庆、云南、河北，处于0~0.5的省市区有2个，分别为甘肃和广西，由此可见，第二阶段成果转化的效率值有高中低三个级别，处于较高效率的省域占大多数，但有个别省域效率很差。

（3）阶段效率比 H 分析

H 值是在科技资源配置过程中成果转化效率与资源获取效率之比，表示两个阶段的效率强弱程度。由表5-2可知在所有省市区中，有10个区域 $H \geqslant 1$，它们是成果转化能力比资源获取能力更高的区域，分别为黑龙江、辽宁、上海、吉林、广东、福建、浙江、天津、北京、江苏，这些省市第二阶段效率值相对于第一阶段较高，代表其具有更高的成果转化能力。值得注意的是，东北三省第二阶段效率与第一阶段效率之比位于前三，说明东北三省在初期创业资源获取方面比如利用基础人财物的投入来获取基金筹集、吸引创业企业和取得科研成果方面的效率远小于其社会成果和经济成果的转换效率。因此，东北三省若想提升科技资源配置效率，可将第一阶段效率作为重点提升对象，也即需要在吸引创业基金、创业企业和进行科技研发方面取得更多的成果。另外，其余19个省市区是成果转化能力相对不足的区域（ $H < 1$ ），分别为山东、四川、青海、山西、湖南、河南、新疆、内蒙古、宁夏、云南、重庆、湖北、江西、贵州、安徽、广西、河北、陕西、甘肃，这些省域网络第二阶段效率与第一阶段效率相比较低，成果转化有较大提升空间。

（4）整体效率和阶段效率间关系分析

图5-1显示的是按 H 值($E2/E1$)由高到低排序的各省级效率值。图中显示，各省整体效率值分布与两个分阶段效率分布情况较为相似。值得注意的是，北京市和江苏省的整体效率 E 值和分阶段效率 $E1$、$E2$ 值位于所有区域之首，值均为1，充分印证了上一章分析中只有在两个阶段效率均为1时整体效率才为1的观点。

5.2.3　分阶段效率评价结果分析

为更深入地挖掘资源获取阶段效率和成果转化阶段效率的关系并分析各区域孵化科技资源配置的特点，本书进一步做象限图进行分析。本书以成果转化效率为纵轴，以资源获取效率为横轴，将成果转化效率的平均值

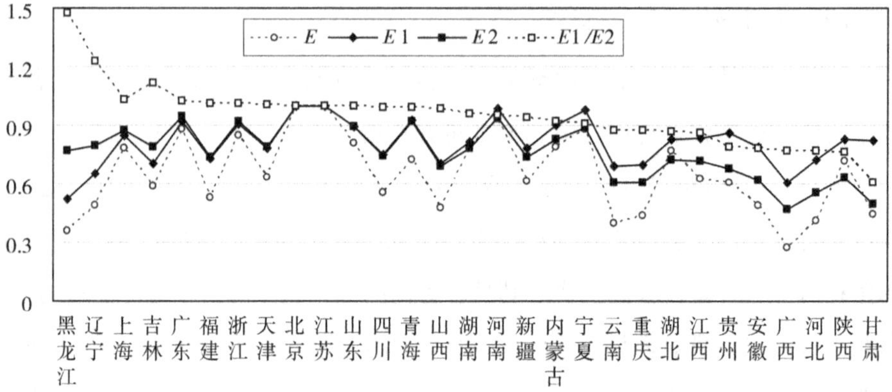

图 5-1　整体效率、阶段效率及阶段效率间关系

（0.765）和资源获取效率的平均值（0.810）分别作为纵横分界线绘制效率分布象限图（见图 5-2），将 29 个省域网络分为四个类型。从图中可以看出，阶段效率较高的区域多数分布于我国长三角、珠三角及京津等地区，但个别西部地区和中部地区省份有追赶之势。

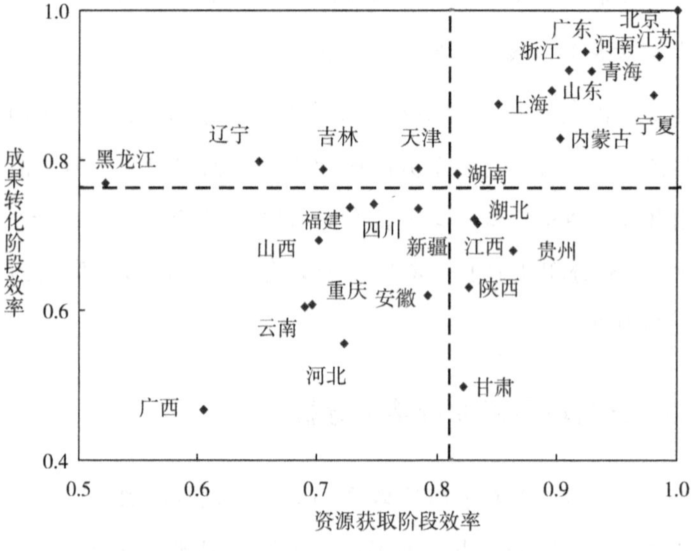

图 5-2　分阶段效率省域空间分布象限

(1) 第一象限为高资源获取—高成果转化组

包括北京、江苏、广东、河南、浙江、山东、上海、青海、内蒙古、宁夏和湖南11个省市区。根据资源投入水平高低，将此11个地区分为两个子类：一类以北京、江苏、广东、浙江、上海、山东、湖南和河南8省市为代表，这些省市由于经济较为发达且重视创业科技资源投入，近年来创新投入水平明显领先于其他省市区，且在各阶段产出水平高于平均值，从而两个阶段均具有较高的效率水平，表明这些省市的孵化科技资源配置合理，孵化创新机制较为完善，其区域内部拥有较成熟的孵化创新模式。另一类为青海、宁夏和内蒙古3个省区，由于受区域经济发展所限，这些区域创业科技资源投入水平较低。然而，这些省市区在资源利用方面却比其他省份更有效，因此具有较高的资源获取效率和成果转化效率。可以说这类省市区是创业孵化的生力军，若加大其各类资源的投入将会产生巨大的创业经济效果。总体上讲，第一象限的各省市区相对于其他省份，其投入产出配置相对合理，应保持并大力推广现行的科技孵化政策，利用有限的孵化资源发挥出最大的孵化效果。

(2) 第二象限为低资源获取—高成果转化组

该组包括黑龙江、辽宁、吉林以及天津4省市，这些区域后期孵化成果转化效率高，而初期资源开发阶段效率尚待提升。具体来讲，区域虽然创业成果转化经验丰富，能够高效吸引当地创业人才并高效地将科研成果转化为能够在市场竞争中获胜的高利润商品。但是在创业孵化初期，通过当地孵化网络中初级人财物资源投入所吸收的创业企业、孵化基金及研发的科研成果产出却相对较低，主要是因为这些地区创业企业少，加之政府对孵化器的支持力度不够，网络中科技研发能力低。对于这些地区孵化科技资源配置效率提升的关键是要大力宣传创业对经济的带动作用，吸引更多创业企业加盟孵化网络，加强孵化网络中研发机构与新创企业间的联系，确保政府对在孵企业自主创新的扶持以提升在孵企业研发质量；同时，吸引更多的孵化基金和风险投资以资助孵化器和在孵企业进行研发活动以提高网络的创新基础力量，为进一步取得产品创新、增加创新经济收入和创造就业岗位打好坚实基础。

(3) 第三象限为低资源获取—低成果转化组

这组成员包括福建、四川、山西、新疆、重庆、安徽、云南、河北、广西9个省市区。在这些区域的企业孵化网络中，资源获取和成果转化的效率均较低，一方面体现在初期孵化器建设和孵化平台投资不能有效吸引新创企业加盟并促进企业知识产权和专利等成果的产出；另一方面体现为新创企业因对市场环境的不适应而无法快速将研发成果转化为市场需求，进而无法实现规模的扩大和利润的增长。这可能是因为此类区域的整体创业环境尚未形成，区域科技孵化政策导向、孵化器建设、产业经营活动支持等各方面尚未成熟。在此情况下，各区域应根据自身特点来加强创业环境的构建和打开科技产品运用市场，强化中介作用以增强科技成果转化力度，进而从两个阶段提升和改进整体创业效率。另外，由于这些省市区多属于中西部区域，所以应通过中西部发展战略和科技人才引进战略来逐步缩小其与发达地区的差距。

(4) 第四象限为高资源获取—低成果转化组

该组成员包含湖北、江西、贵州、陕西和甘肃5个省市区。此类地区中，孵化前期能够通过基础人、财、物投入吸引到较多的创业者入驻孵化器并获得丰富的科研成果和创投基金。在后期吸收工作人员、生产成熟产品进入市场和实现创收方面，孵化网络的整体效果却变得不再理想。说明这些地区在前期的创业及支持创业的意识和研发创新能力较强，而在市场转化过程中遇到了瓶颈，导致研发效果和经济活动严重脱节。这些区域需要加强在孵企业与外部市场的商业合作、吸收更多具有商业发展背景的创业导师和中介来辅助创业企业充分利用现有研发成果和经费来提升成果转化效率和吸收高端人才，以促进企业尽快成熟并提升盈利能力和市场竞争力。

通过对孵化科技资源配置两个子过程效率的比较发现，只有少数地区可以同时在资源获取和成果转化过程中保持高效率，两个环节存在较大差异的区域占多数。此外，在所有区域孵化网络中效率损失的原因更多是由于第二阶段成果转化效率较低所致，在29个省市区中有21个成果转化效率低于资源获取效率，故在后续的孵化活动中，加强基础研发成果与市场的对接是提升效率更重要的策略。

5.2.4 纵向效率评价结果分析

（1）总效率值变化情况

从年度省均总效率测算结果来看（见表5-3），在全国范围内，区域企业孵化网络科技资源配置效率良莠不齐，29个省域2010~2016年企业孵化网络科技资源配置总效率均值仅为0.650，离完全有效值1相差甚远，说明我国科技企业孵化产业虽然目前处于蓬勃发展状态，但科技资源整合利用效率仍处于较低水平，尚未实现高效协调发展；另外，也说明我国科技企业孵化产业还存在着巨大的科技资源节约和共享利用空间。如图5-3所示，资源配置总效率呈波动下降的趋势，在0.65附近小幅变动，其中在2012年效率值达到最高，2013年和2016年明显下降。此结果也表明了近几年来我国科技企业孵化产业对资源配置效率的严重忽视，且有愈演愈烈的趋势，若不及时进行调整，将不利于未来创业经济的可持续发展。

表5-3 年度省均总效率值及分阶段效率值

年份	E	$E1$	$E2$	I
2010	0.645	0.825	0.752	1.04
2011	0.672	0.837	0.767	1.05
2012	0.686	0.812	0.797	1.06
2013	0.641	0.764	0.806	1.04
2014	0.666	0.770	0.811	1.07
2015	0.658	0.836	0.752	1.05
2016	0.581	0.827	0.670	1.05
均值	0.650	0.810	0.765	1.05

资料来源：作者使用 MaxDEA Pro6.6 软件计算而得。

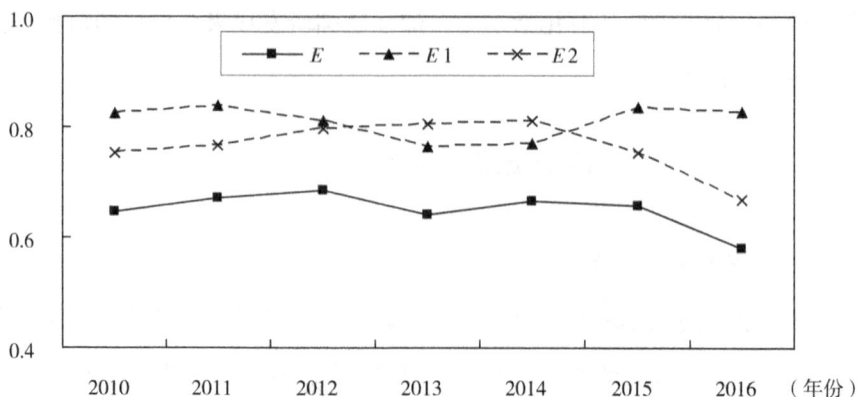

图 5-3 2010~2016 年省均科技资源配置效率趋势

（2）分区域变化情况

虽然一部分省域效率值相对较高，在一些年份接近或达到完全有效（见附表1），例如北京、江苏有7年为完全有效；河南、宁夏有6年为完全有效；广东、内蒙古有5年为完全有效；山东、浙江有4年为完全有效。但同时也存在考察期内效率极低的省市区，其孵化产业尚处于摸索发展状态，例如广西有5年整体效率在0.3以下，河北有4年整体效率在0.3以下，这些省市区在其他年份整体效率也较低，从而拉低了全国的整体水平，从另一角度来看这些低效率的省域网络尚存在较大的提升空间，需要地方政府加以关注。

（3）分阶段变化情况

分阶段来看资源获取效率和成果转化效率均值分别为 0.810 和 0.765，总体上讲两个效率值差距较小，总效率 E 变化曲线与成果转化效率 E2 曲线形状相似，因此可判断其下降主要受到成果转化效率下降的影响。成果转化效率相对于资源获取效率略低，主要因为对于新创企业来讲，成果转化需将产品作出消费市场的精准定位和有效生产，更需要对市场前景的预测和商业运作模式的把握，因此在商品生产、企业创收和人员就业方面难度更大；相比之下，孵化初期通过孵化器初步投入来吸引在孵企业、通过将已有创新设想转化成创业初步科研成果、通过平台初步投资来吸引更多的创投资金会较为容易控制和实现。

总体上讲，省域企业孵化网络科技资源配置总效率偏低、区域间效率差异显著，经济发达地区的平均水平高于经济欠发达区域，形成了以北京和东部沿海的江苏、广东、浙江、山东、上海和中西部的河南、宁夏、内蒙古、青海、陕西为主的双核高效率板块；而西部和东北部大部分省域效率低下，且历年的效率排名差异不大，证明效率差异格局近年来并未得到根本性改善。

5.3 非有效区域指标冗余度分析

效率研究强调的是单位产出能力而非绝对总量，研究目的是避免一味地追求增加投入带来资源浪费，对实现投入集约化和科技生产能力提升有实质性促进作用。鉴于2014年以来我国企业孵化网络总体网络效率持续走低并于2016年达到最低值，因此本书重点分析2016年各区域企业孵化网络的投入产出冗余度，并计算该年度省均影子价格①，以期为资源投入和产出的改进提供参考依据。

5.3.1 投入冗余与产出不足分析

本书进一步将2016年投入冗余和产出不足指标进行分析以反映指标潜在改善空间。由表5-4看出，孵化器数量、孵化器管理机构人员数、创业导师数、累计公共服务平台投资额、场地面积的冗余值占实际值的百分比分别为25.12%、26.93%、33.85%、36.16%和14.87%；在孵企业人员数、孵化器总收入和当年毕业企业数的产出不足值占实际值的百分比分别为4.05%、201.71%和9.27%。可见部分指标需改进幅度超过原值的三成，分别为创业

---

① 在效率研究中影子价格分析是一种弹性分析，用来判断单位投入的减少或单位产出的增加会对目标函数产生多大影响。

导师数、累计公共服务平台投资额和孵化器总收入。而孵化器总收入的需改进幅度超过实际值的两倍，意味着在经济效益方面孵化网络的效益很差，有着巨大的改善空间。本书进一步以需改进幅度大于30%的2个投入指标和1个产出指标为例进行分析，为每个省域孵化网络提供改进方案值。2016年有7省属于SBM网络效率值为1的有效区域，剩余22省均出现不同程度的投入冗余与产出不足（见图5-4），具体数值如表5-5所示。

表5-4 2016年省均投入冗余和产出不足及占比

变量	初始值	目标值	冗余/不足	冗余/不足占比（%）
孵化器数量（I）	17	13	-4	25.12
孵化器管理机构人员总数（I）	341	249	-92	26.93
创业导师数（I）	220	146	-75	33.85
累计公共服务平台投资额（I）	285683	182374	-103309	36.16
孵化场地面积（I）	727976	619744	-108232	14.87
在孵企业人数（O）	30978	32231	1253	4.05
孵化器总收入（O）	260473	785862	525389	201.71
当年毕业企业数（O）	204	223	19	9.27

资料来源：作者经 MaxDEA Pro6.6 软件计算而得。

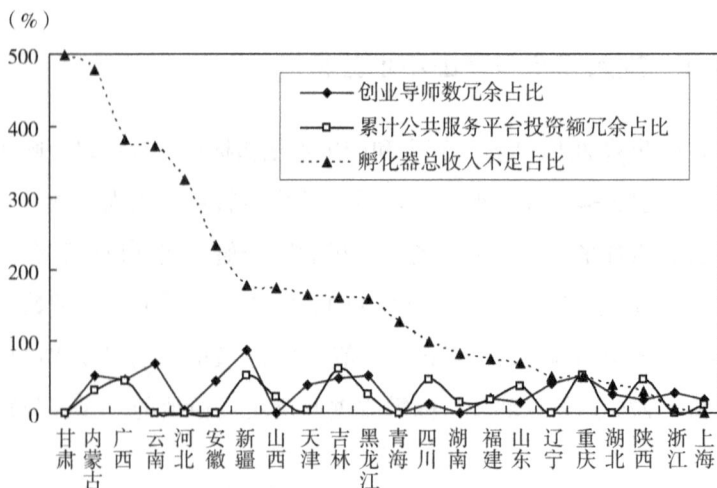

图5-4 投入冗余与产出不足占比

表 5-5　各省市区 SBM 非径向投入冗余与产出不足表

省市区	创业导师数（I）		累计公共服务平台投资额（I）		孵化器总收入（O）	
	冗余（人）	占比（%）	冗余（万元）	占比（%）	不足（万元）	占比（%）
吉林	90	48.89	250009	60.94	341433	159.98
重庆	65	52.06	91096	52.92	68274	50.84
新疆	120	87.04	17636	51.75	111355	176.88
四川	29	13.46	219032	46.19	315414	99.61
广西	40	46.06	69200	44.73	357304	380.69
山东	105	15.03	566839	37.26	371531	69.21
陕西	76	19.23	252725	35.72	144734	29.75
内蒙古	50	51.60	38868	31.34	425504	477.45
黑龙江	53	51.71	26056	26.87	268403	158.65
山西	0	0.00	26888	23.19	289927	172.73
福建	19	20.47	25874	18.84	217606	74.10
湖南	0	0.00	594861	14.18	254178	81.44
上海	55	18.18	84326	11.80	0	0.00
天津	266	39.56	9384	3.29	408127	163.27
云南	117	69.02	0	0.00	366531	371.80
安徽	99	44.30	0	0.00	279244	232.30
辽宁	106	40.54	0	0.00	130239	51.10
浙江	158	27.94	0	0.00	46781	6.40
湖北	91	26.28	0	0.00	177516	38.49
河北	4	3.83	0	0.00	404730	325.25
甘肃	0	0.00	0	0.00	150259	498.70
青海	0	0.00	0	0.00	34231	126.98

资料来源：作者使用 MaxDEA Pro6.6 软件计算而得。

（1）孵化器总收入产出不足

孵化器总收入产出不足分为三个梯度：首先是产出不足超过 200% 的严重不足梯度，包括甘肃、内蒙古、广西、云南、河北、安徽 6 省区。这些省域孵化网络内部运转能力严重不足，将初始成果转化为经济效益的成效有待大力加强，整体上存在大量提升空间。其次是产出不足为 100%～200% 的中等不足梯度，包括新疆、山西、天津、吉林、黑龙江和青海6个省市区，这些区域属于我国中西部和东北部地区，经济客观环境造就了其较低的经济产出效益，需向东部高效省域网络借鉴经验，加快孵化过程中市场开拓和产品转化速度。最后是产出不足低于100%的轻微不足梯度，包括四川、湖南、福建、山东、辽宁、重庆、湖北、陕西、浙江9省市，此级别中东部省份较多，其中湖南和山东虽然在近7年来总效率排名处于前列，但其孵化器总收入不足率仍有50%，说明其在孵化产品市场转化方面仍有较大的改进空间，孵化器总收入有望获得大幅调整。

（2）创业导师投入冗余

除甘肃、山西、青海、湖南4省冗余度为0外，其余18省市区均有不同程度的冗余量。新疆、云南、重庆、黑龙江、内蒙古的冗余值较大（超过目标投入值50%），意味着这些区域按照当地的孵化规模而言，导师投入可减少当时投入值的50%以上（需减少导师人数分别为120人、117人、65人、53人和50人），区域在减少导师投入的同时须大幅提升导师专业素质。吉林、广西、安徽、辽宁、天津、浙江、湖北、福建8个省市区的导师投入量冗余度处于20%~50%，冗余值分别为90人、4人、99人、106人、266人、158人、91人和19人。冗余度最低的有陕西、上海、山东、四川、河北5省市，这些区域可通过对导师进行专业培训来减少其投入数量（投入冗余分别为76人、55人、105人、29人和4人），以达到最优效率。

（3）公共服务平台投资额冗余

近一半省市区也存在较大程度的冗余，22省市区中除云南、安徽、辽宁、浙江、湖北、河北、甘肃和青海8省外，其余均有不同程度的投入冗余度。其中，吉林、重庆、新疆的冗余度超过50%，说明这些区域的公共服务投资利用效率极低，如果提升其资金利用效率则有望节约的投资额度分别为25000万元、9110万元、1764万元；此外，四川、广西、山东、内蒙古4个省市区的公共服务投资额冗余率在30%~50%，冗余量分别为21903万元、6920万元、56684万元和3887万元，这些区域的投入质量存在大幅提升和改进的空间，应大力提升平台管理能力以提高自身的公共服务投资利用效率。

由上述 SBM 非径向分析结果可看出，目前各省的投入产出中，最大的产出不足是孵化收入，个别省域收入不足达到原收入值的将近 5 倍，收入不足是近年来孵化产业发展最难以突破的瓶颈；另外在投入方面，创业导师和公共服务投资额冗余均有少量省份大于原始投入额的 50%，而重庆和新疆在两个投入值方面均大于 50%，表明这些省份资源投入浪费现象严重，孵化效率不高。值得注意的是，重庆近年来虽然加大孵化资源投入，重视区域创新创业的发展，却在科技资源合理配置方面未引起足够的重视，因此存在严重的浪费现象。综合来看，我国区域企业孵化网络的资源配置效率相对欠缺，还有很长的路要走，在未来，地方政府、企业、高校等网络中的行为主体需做大量工作。投入冗余和产出不足的省份应该结合当地经济发展实情，合理规划自身的目标和定位，与本省创业需求有效衔接，适当缩小投入数量，努力提升科技微小创业企业的市场竞争力和成果的转化能力；另外区域地方政府要制定利好政策实现投入产出质量的提升，以降低孵化网络中科技资源的浪费，为创业者提供高效的孵化平台。

5.3.2 影子价格分析

在效率测度时，不仅需要对网络中投入产出之比进行测算，还应关注资源投入要素的变化对系统产出的影响程度，进而发现影响效率的敏感性投入要素，以便帮助决策者适时调整投入比例，避免资源的浪费从而优化科技资源配置效率。因此，关于网络中科技资源投入产出的弹性分析是与效率同时进行的重要步骤。DEA 模型是基于多条件约束的线性规划研究，模型所得影子价格（Dual Price）能够判断其单位投入的减少或者单位产出的增加会对目标函数产生多大影响（纪浩，2017）。一般来讲，投入要素的影子价格为负值，产出要素的影子价格为正值，影子价格的绝对值越大说明该要素对效率影响越大，也即弹性越大。以投入要素的影子价格为例，若某影子价格绝对值高于其他要素，表示减少此要素的投入量能够显著提升决策单元效率；同理，当某一产出的影子价格比其他产出高时表示增加此项产出能够显著提升决策单元效率，因此影子价格能够帮助决策者在资源有限、产出不足时首要考虑调整哪项投入产出。2016 年 29 个省市区的影子价格均值如表 5-6 所示[①]（由于影子价格普遍较小，为方便观测，将表中数据统一扩大 1000 倍）。

表 5-6　2016 年国家级孵化器影子价格省均值

单位：10^{-3}

孵化器数量	孵化器管理机构人员总数	创业导师数	累计公共服务平台投资额	孵化场地面积	在孵企业人数	孵化器总收入	当年毕业企业数
−51.723	−8.5501	−2.3208	−0.0233	−0.0026	0.0440	0.0014	4.1500

资料来源：作者经 MaxDEA Pro6.6 软件计算而得。

表 5-6 中显示投入要素按照影子价格绝对值大小排序依次为孵化器数量、孵化器管理机构人员总数、创业导师数、累计公共服务平台投资额、孵化场地面积。其中，孵化器数量的影子价格绝对值最高，说明在全国范围内，孵化器已出现严重冗余。而近年来各地方新闻报道同样显示，各地一哄而上的孵化器建设已导致其严重过剩，地方大量空置孵化器现象造成硬件资源的严重浪费，因此各省市区应首先对当地孵化器需求进行量化考察，适当减少孵化器数量同时确保孵化质量。其次，孵化器管理机构人员总数影子价格绝对值较大，说明管理机构人员冗余大，精简人员能够有效提升效率。总体上讲，地方应根据当地产业特色和孵化水平确定孵化规模，配比专业管理人员和创业导师，建立科学的管理体制、滚动的导师聘用制度。

在产出要素中，按照影子价格的绝对值大小排序依次为当年毕业企业数、在孵企业人数、孵化器总收入。其中，当年毕业企业数的影子价格的绝对值远高于其他两项，意味着提升毕业企业数量能够更显著地提升资源配置效率。这一结果表明，在孵企业顺利毕业是确保区域企业孵化网络科技资源配置实

---

① 2016 年各省域影子价格数值列于附录 2（DEA 测算结果表）中的附表 2。

现高效率的关键，也是孵化网络目标的体现，但我国很多区域现阶段新创企业因受激烈的市场竞争影响和在孵过程中不能得到高质量帮助而能毕业的企业数量仍相对较少，故加强对入孵企业的甄选和在孵企业的高质量辅导将有助于效率的大幅提升。

5.4 Malmquist 指数分析

本书进一步使用加入 SBM 特征和网络特征的 Malmquist 指数对 29 个省域进行全要素生产率指数评价，以期揭示效率值纵向变化过程及其变化原因，为进一步作出针对性改进提供数据基础。所用评价工具是 MaxDEA Pro6.6 软件，评价结果部分数据如表 5-7 和表 5-8 所示①。

5.4.1 资源获取阶段 Malmquist 指数分析

资源获取阶段是初期资源开发储备和资金积累的过程，其资源配置效率能充分体现地区创业孵化的基础能力。此阶段全要素生产率如表 5-7 所示，2010~2016 年，29 个省市区的企业孵化网络在资源获取阶段年均全要素生产率呈现不同程度的增长或下降。具体来看，7 个省市区全要素生产率呈增长趋势，其他地区则不同程度下降。7 个增长省市区分别为：浙江（107.89%）、陕西（106.14%）、山东（105.21%）、广东（104.04%）、上海（102.68%）、北京（102.41%）和江苏（100.89%），上述 7 个省市区中东部沿海地区占 6 个，表明东部沿海地区在近年来整体上孵化产业的科研创新实力在不断提高，因当地孵化产业号召力强劲而吸引了有效资金和科技人才加入创业网络。此外，陕西作为我国高等教育资源优渥的省份，聚集培养了充

---

① 29 省域分阶段及整体 Malmquist 指数及其分解指数完整结果参见附录 2 中附表 3 至附表 11。

足的科技人才，近年来也吸引了充足的创业基金和优秀的管理者，因此全要素生产率增长率整体上讲处于较高的水平。另外，在此阶段全要素生产率平均指数处于较低水平（小于 0.8）的省域有 6 个，均为我国中西部地区，意味着近年来这些省域在孵化领域发展中，科技创新和资金吸引力度下降，具体包括山西（77.50%）、宁夏（76.20%）、四川（75.26%）、内蒙古（72.67%）、辽宁（70.43%）、安徽（70.34%）。

进一步观察技术效率变化和技术进步变化值发现：

2010~2016 年除中西部地区 9 个省市区外，我国 20 个省市区均达到技术效率进步，此阶段的管理能力主要集中在孵化器对在孵企业的吸引方面和在孵企业对科研成果的产出效率方面。技术效率降低的 9 个省市区包括吉林（97.47%）、重庆（96.13%）、四川（91.92%）、广西（91.72%）、安徽（90.88%）、辽宁（89.32%）、山西（88.59%）、江西（85.88%）、内蒙古（85.69%），代表着这些区域的企业孵化网络在资源获取阶段整体管理效率无法追赶前沿面，不能达到全国平均水平。但从总体上来看，第一阶段技术效率未出现严重下降的省份。

表 5-7　资源获取阶段全要素生产率指数及其分解指数结果

单位:%

序号	省市区	平均 EC	排名	平均 TC	排名	平均 TFP	排名
1	安徽	90.88	25	77.40	24	70.34	29
2	北京	100.00	18	102.41	2	102.41	6
3	福建	115.16	5	80.42	21	92.61	12
4	甘肃	103.50	13	83.13	17	86.04	17
5	广东	103.96	12	100.07	5	104.04	4
6	广西	91.72	24	88.25	12	80.94	23
7	贵州	100.00	17	96.99	8	96.99	8
8	河北	108.49	7	75.13	28	81.51	21
9	河南	115.07	6	72.58	29	83.52	20
10	黑龙江	117.86	2	80.38	22	94.74	10

续表

序号	省市区	平均 EC	排名	平均 TC	排名	平均 TFP	排名
11	湖北	100.58	16	88.90	11	89.42	13
12	湖南	102.68	14	83.82	16	86.07	16
13	吉林	97.47	21	88.91	10	86.66	15
14	江苏	100.00	19	100.89	3	100.89	7
15	江西	85.88	28	98.35	7	84.47	18
16	辽宁	89.32	26	78.85	23	70.43	28
17	内蒙古	85.69	29	84.81	14	72.67	27
18	宁夏	100.00	20	76.20	25	76.20	25
19	青海	125.25	1	75.60	27	94.69	11
20	山东	106.62	10	98.67	6	105.20	3
21	山西	88.59	27	87.49	13	77.50	24
22	陕西	101.92	15	104.14	1	106.14	2
23	上海	108.38	8	94.74	9	102.68	5
24	四川	91.92	23	81.87	19	75.26	26
25	天津	104.30	11	80.53	20	83.99	19
26	新疆	115.51	4	82.51	18	95.31	9
27	云南	117.06	3	75.92	26	88.87	14
28	浙江	107.07	9	100.76	4	107.89	1
29	重庆	96.13	22	84.41	15	81.14	22

注：平均 EC：2010~2016 年区域平均技术效率变化指数；平均 TC：2010~2016 年区域平均技术进步指数；平均 TFP：2010~2016 年区域平均全要素生产率进步指数。

资料来源：作者经 MaxDEA Pro6.6 软件计算而得。

第一阶段技术进步指数均值测算结果显示，全国总体指数不容乐观。其中，仅有陕西（104.14%）、北京（102.41%）、江苏（100.89%）、浙江（100.76%）、广东（100.07%）5 个省市处于技术进步状态，其余 24 省市区指数均呈现出不同程度的回落，也即我国企业孵化网络在科技资源获取阶段总体上讲是处于技术退步的，大量的资源投入得不到孵化技术进步的支持，而这也是第一阶段全要素增长率下降的主要原因。今后区域企业孵化网络在第一阶段取得进步的关键是充分引进先进技术、提升专业人员素质以构建区域强大的孵化技术系统。

5.4.2　成果转化阶段 Malmquist 指数分析

成果转化阶段是在区域企业孵化网络资源配置的后期，产品得到从科技成果的成功转化并打入市场、创业企业得以成功孵化、区域科技创业工作岗位得以解决的过程。该阶段资源配置效率值的变化能够充分反映地区创业孵化网络市场开拓能力和产品转化能力的提升程度。首先来看这一阶段的全要素生产率指数：从表 5-8 可以看出，2010~2016 年，全国有 12 个省市区处于全要素生产率增长状态，包括重庆（119.00%）、上海（112.50%）、天津（111.79%）、广东（111.54%）、河南（109.82%）、浙江（109.73%）、湖北（108.32%）、辽宁（105.98%）、北京（105.97%）、湖南（105.76%）、福建（102.78%）、贵州（102.71%），其余 17 个省市区均呈现出不同程度的全要素生产率降低趋势。第二阶段的全要素生产率指数仍有很大程度的地域性特点，首先沿海省市仍保持着较高的增长率，其次东北地区的辽宁和中西部地区的湖北、湖南、河南、贵州处于总体增长趋势，意味着这些地区在创业市场的产品转化方面资源配置能力有一定程度的提升。而同时从结果中也看出，我国有一半多省市区在成果转化阶段出现全要素生产率均值下降的趋势，这就需要这些省市区进一步找出其下降的原因。

进一步来看该阶段技术效率变化值和技术进步变化值。与资源获取阶段类似，成果转化阶段的技术效率指数普遍较高，只有 8 个省市区的值小于 1，包括黑龙江（99%）、新疆（96.93%）、广西（96.39%）、河北（96.15%）、甘肃（95.78%）、四川（95.36%）、云南（95.35%）、内蒙古（95.34%）。然而具体从效率变化来看，这些省域在考察期虽然总体上未出现进步，但其降幅不大（均小于 5%），因此其并非是构成总体效率降低的主要原因。再看技术进步指数，总体上保持技术进步的省份只有 10 个（上海、河南、北京、湖南、湖北、浙江、重庆、辽宁、福建、广东），而出现技术倒退的省市区有 19 个，且技术变化指数有 7 个省域处于 0.8~0.9，也即退步幅度较技术效率大。由此看来，虽然全要素生产率是由技术效率和技术进步两个因素共同构成的，但该阶段全要素生产率的降低同样主要由技术进步指数较低所致，提升此阶段全要素生产率的首要途径是增强区域内部市场的技术先进性，一般来说，需要考虑引进专业化人才、调整产业方向、引进先进技术等来提升本区域的技术构成。另外，作为最为直接的技术进步方式，退步区域应在创业资本方面关注科技产业转型升级和虚拟孵化器、众创空间等新型的孵化平台网络元素，积极引进先进的创新理念和孵化技术，这样才能使技术进步指数产生显著提升。

表 5-8　成果转化阶段全要素生产率指数及其分解指数结果

单位:%

序号	省市区	平均 EC	排名	平均 TC	排名	平均 TFP	排名
1	安徽	102.65	10	94.14	19	96.64	15
2	北京	100.00	17	105.97	3	105.97	9
3	福建	101.57	12	101.19	9	102.78	11
4	甘肃	95.78	26	80.88	28	77.46	29
5	广东	110.91	4	100.57	10	111.54	4
6	广西	96.38	24	93.75	20	90.36	22
7	贵州	104.60	9	98.19	14	102.71	12
8	河北	96.15	25	96.26	15	92.55	19
9	河南	100.29	14	109.51	2	109.82	5
10	黑龙江	99.00	22	95.95	16	94.99	17
11	湖北	106.41	6	101.80	5	108.32	7
12	湖南	101.71	11	103.98	4	105.76	10
13	吉林	100.20	15	88.98	23	89.16	24
14	江苏	100.00	18	92.55	21	92.55	20

序号	省市区	平均 EC	排名	平均 TC	排名	平均 TFP	排名
15	江西	100.00	21	84.43	26	84.43	25
16	辽宁	104.63	8	101.29	8	105.98	8
17	内蒙古	95.34	29	98.36	13	93.78	18
18	宁夏	100.00	19	83.69	27	83.69	27
19	青海	100.00	20	80.46	29	80.46	28
20	山东	100.00	16	98.90	11	98.90	13
21	山西	112.09	3	86.63	24	97.11	14
22	陕西	106.02	7	90.34	22	95.78	16
23	上海	101.27	13	111.08	1	112.50	2
24	四川	95.36	27	94.82	17	90.42	21
25	天津	113.18	2	98.77	12	111.79	3
26	新疆	96.93	23	86.49	25	83.83	26
27	云南	95.35	28	94.76	18	90.35	23
28	浙江	107.99	5	101.61	6	109.73	6
29	重庆	117.15	1	101.59	7	119.00	1

注：平均 EC：2010~2016 年区域平均技术效率变化指数；平均 TC：2010~2016 年区域平均技术进步指数；平均 TFP：2010~2016 年区域平均全要素生产率进步指数。

资料来源：作者使用 MaxDEA Pro6.6 软件计算而得。

5.4.3　整体 Malmquist 指数分析

表 5-9 是我国历年的 Malmquist 指数及其分解结果。从表 5-9 可以看出，在 2010~2016 年，29 个省市区企业孵化网络二阶段整体全要素生产率增长率为 87.26%，总体来说处于波动下降的趋势（如图 5-5 所示）。

表 5-9　我国各区域效率 Malmquist 指数及其分解均值

指数	2010~2011 年	2011~2012 年	2012~2013 年	2013~2014 年	2014~2015 年	2015~2016 年	平均
EC	1.2777	1.1337	1.0826	1.2839	1.2063	1.0961	1.0451
TC	1.1391	0.8733	0.9156	0.9409	0.8985	0.8665	0.8344
MI	1.1473	1.0407	0.9583	1.1668	0.9635	0.9104	0.8726

注：EC：技术效率变化指数；TC：技术进步指数；MI：Malmquist 指数。

资料来源：作者使用 MaxDEA Pro6.6 软件计算而得。

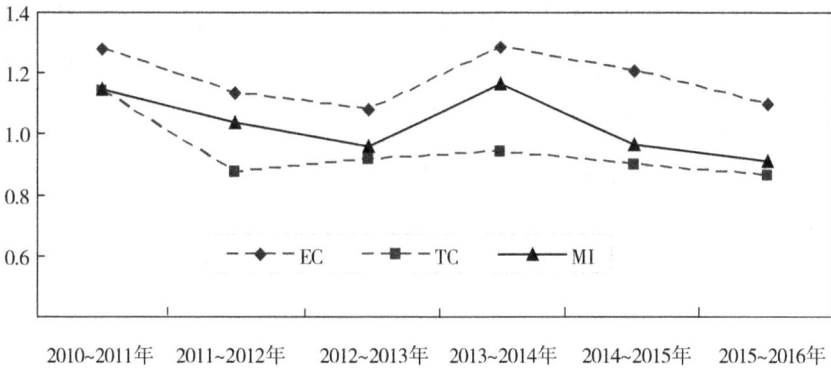

图 5-5 我国历年总体 Malmquist 指数及其分解

从演化过程来看，2010~2011 年、2011~2012 年和 2013~2014 年全要素生产率指数大于 1，代表这三个时间段效率是进步的；而 2012~2013 年、2014~2015 年和 2015~2016 年全要素生产率指数小于 1，代表这三个时间段效率是退步的。分解效率可知，技术效率变化指数全国平均水平每年都大于 1，均值为 104.51%，表示我国各省市区随着孵化产业的持续开展，管理经验得到积累，因此投资决策、市场运营和管理水平逐年上升，2013~2014 年达到上升速度的峰值（128.39%）。技术效率指数历年均值小于 1 的省市区包括山西、甘肃、吉林、辽宁、安徽、广西、四川、江西、内蒙古等地（附表 9~附表 11），这些区域应引入高效省份的先进管理理念和管理实践、参照标杆区域的孵化网络组织运作模式来提升技术效率。

技术进步指数有逐年下降的趋势，这是因为虽然我国一些地区（如北京、上海、广州、江苏等省市）技术进步指数高于 1，但近年来全国孵化产业两极分化现象严重，一部分区域（如宁夏、青海、新疆等）在孵化企业的过程中不能做到保持利用优势技术加以发展而不能保证每年总体上的技术进步，拉低了历年全要素生产率，而每年较低的技术进步值影响了总效率进步指数。相对于其他因素，技术进步是区域经济保持稳定可持续发展最可靠的保障（Jones，1990）。在考虑到区域当地经济条件和技术衔接力的情况下，迅速提升我国技术能力的途径是吸引外部投资和消化技术再创新（何兴强，

2014)，因此，我国企业孵化网络总体上来讲不能一味地跟风和盲目扩大规模。在一些低效率区域，比完善制度体系、运营能力和管理水平更重要的是首先要找准适合当地发展的新兴科技产业群，只有找对产业发展方向才能充分发挥自身优势，提升技术水平，从而不断提升资源配置效率也即提升区域孵化的全要素生产率，使得科技孵化产业逐步迈向成熟。

5.5　本章小结

基于无导向的二阶段链式网络 SBM 模型可以为我国区域企业孵化网络资源配置效率评价提供一个更加科学的方法，本章利用该模型对我国 29 个省域企业孵化网络进行科技资源配置效率评价测算。结论显示，我国各省域平均效率并不高，可见各省市区普遍存在资源的浪费现象。根据二阶段效率特点将 29 个省域孵化网络的效率分为 4 个类型，发现大多数省域在两个阶段呈现能力脱节现象。最后使用结合了网络 SBM 模型的 Malmquist 指数对各区域网络纵向效率变化进行分析，发现导致资源配置效率整体降低的主要原因是一些省份孵化技术的降低，后发区域想要在较短时间内提升效率，必须在技术和制度上进行一系列创新。

6 区域企业孵化网络科技资源配置效率影响因素作用机理及提升路径分析

前文对区域企业孵化网络科技资源配置效率进行了横向评价和演化规律探索。欲将各区域间效率差异的"黑箱"打开，须首先关注孵化网络自身结构及其与外界环境的相互作用关系。只有对效率影响因素进行深入分析才能从本质上认识配置行为以便实现进一步优化。现有文献多数将网络作为自变量来研究对微观企业创新绩效的影响（也即整体网络对个体成员的影响），而将整体网络效率作为因变量研究其影响因素的实证尚不多见（严德成和吴建伟，2017）。本章从广义环境视角出发，探讨区域环境特征要素和网络结构要素对孵化网络科技资源配置效率的影响机理，进而运用 QCA 方法对高效率区域进行路径分析，以获取效率提升的普适性规律。

6.1 效率影响因素作用机理分析

孵化网络作为一个有机整体，置身于一定环境之中，因此区域环境对孵化网络的出现和发展具有重要的影响。研究在特定环境中孵化网络的构建和治理是我国目前孵化产业理论和整体网络治理理论面临的重要课题之一，对于提高整体网络科技资源的配置效率有着重要作用。现有研究显示，尚无学者从广义环境视角深入探讨环境特征对企业孵化网络科技资源配置效率产生的影响。本书认为，只有把外部环境和网络结构共同纳入效率分析框架，才能更好地处理当前企业孵化网络的科技资源配置问题。

6.1.1　影响因素维度分析

行动者为达到目标所面临的要素集合即为环境（Altenburg et al., 2017），创业环境是一个大而复杂的有机系统，环境中各类资源的丰富程度对企业的规模和发展具有决定性作用（Ge et al., 2019），因此环境研究是各种研究必不可少的内容。国内外学者不断深入研究创业创新的宏观环境，张玉利和陈立新（2004）认为创业环境包括了创业企业所在区域的政治、经济、社会、文化等所有相关因素，反映了区域对创业创新的支持力度。Duncan（1972）将自然要素和社会要素一并作为影响组织决策的环境并将其进行了详细分类，Li 和 Simerly（2015）认为在企业经营过程中，提供原材料和接受产品的市场、同行业竞争者以及对企业产生影响的其他因素均划为环境因素。Li 和 Simerly（2015）认为企业外部经济、政治环境对企业影响较大，属于宏观环境研究的重点。整体上来看，环境的分类和其对组织的影响目前尚未达成共识。

在区域孵化系统当中，很多因素虽然不是其中的投入变量，却可以非常显著地对孵化产出产生影响，进而影响着资源配置的效率，也即通过 DEA 模型得到的效率值除了由投入、产出指标生成之外还受到系统所在的环境因素影响。可见何种因素导致了不同区域孵化资源配置效率的差异也是进行网络科技资源配置的重要研究内容，有助于帮助治理者继续打开资源配置效率的黑箱。Arrow 在著名的"干中学"理论中指出，社会生产效率会因生产经验的积累与管理效率的提高而得到改善，因此投入要素和技术水平并不是地区经济社会实践中对全要素生产率产生影响的独有因素。新创科技企业作为市场竞争的弱势群体，在具有保护功能的企业孵化网络中生存才能实现快速成长。企业创新孵化绩效与当地环境有着较大关系，一个地区孵化网络的科技资源投入能否获得更高的孵化产出，孵化环境在某种程度具有重要影响作用。《中国科技企业孵化器问题研究报告》提出，孵化环境主要包括创业文化氛围、孵化服务与网络、业务支持服务、政策支持服务及基础设施服务五大维度。本书借鉴此报告并综合国内外相关研究，认为影响孵化效率的环境因素可从狭义和广义两个角度来理解（见图6-1）。

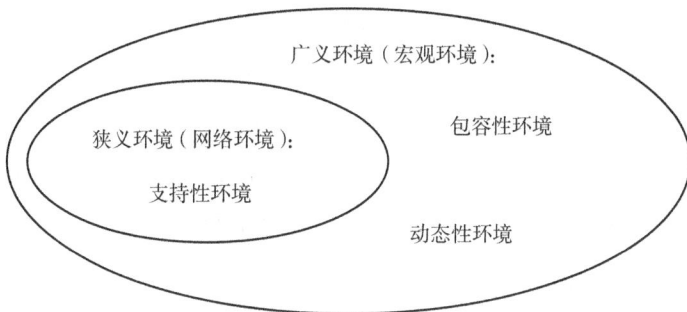

图6-1　孵化环境构成

　　狭义的企业孵化网络环境主要是指孵化器为创业企业提高存活率、顺利毕业以走向竞争市场而创造的保护性空间。孵化器与在孵企业开展合作并帮助其短期内挖掘自身知识、能力和资源（邢蕊，2013），提供软、硬件扶持措施来弥补创业企业自身的不足。另外，孵化器通过信息资源优势广泛联结其他辅助机构以深入帮助在孵企业，形成小型的孵化网络环境来协助企业成长。具体的孵化环境包含孵化器及外围支援机构所提供的基础硬件支持、业务支持和内外交流平台支持。硬件支持包括租金减免和设备共享等；业务支持包括创业管理培训、发展战略咨询和专业技能咨询；内外交流平台支持包含孵化器内部网络中与孵化器、其他同质在孵企业的合作，也包含与孵化器外部的科研、中介机构间的信息交流、产品推广服务。总之，狭义的科技孵化网络环境是以孵化器为核心，为创业企业提供服务的小型孵化环境。

　　广义的科技孵化网络环境不仅包括以单个孵化器所营造的孵化空间，也包含孵化器外部的成长空间，包含在一定地域范围内众多孵化器在孵化器协会和当地政府牵线下为所有创业企业营造的成长环境，也包含更加广泛的区域创业氛围。具体而言，广义的孵化环境主要由支持性环境、包容性环境和动态性环境三部分构成（邢蕊，2013），如图 6-1 所示。支持性环境即狭义的孵化环境，主要是指孵化器为其在孵企业营造的局部网络环境，体现为孵化器提供孵化网络资源对创业企业发展的支持作用，在孵企业借助孵化网络特殊属性来获取企业所需资源，促进孵化行为完成。包容性环境是指环境中资源的可获程度（苏中锋等），与环境中资源拥有量密切相关，当宏观经济、资源环境充裕时，孵化资源获取难度小，此时创业企业更易获得成功。动态性环境是指外部环境发生变化的频率与程度（Li & Simerly，2015），主要有技术和市场两方面：当企业处于一个极不稳定的市场或技术环境时往往具有成长的极大不确定性，新创企业既可能抓住发展势头发展壮大，也可能在转瞬即逝的机会面前变得更加脆弱和不堪一击。

环境对企业孵化的影响并不是单一维度的作用结果，而是一系列差异因素的组合效果所致，这些因素交织在一起共同决定着孵化绩效，也为企业孵化的政策制定者和网络治理者提供重要信息。本书基于上述广义的孵化网络环境视角来研究不同环境对网络资源配置效率的影响，支持性环境即孵化网络自身属性，而包容性环境和动态性环境为网络自身所处宏观环境属性。因此，本书试图从网络所处区域特征及网络自身结构特征两个维度来分析孵化资源配置效率的区域差异。孵化网络环境是指由区域经济、政治、社会、地理等对网络本身产生必然影响的环境超系统（刘玲利，2007），是孵化网络赖以生存和发展的外部总体，为其输送必要的科技人才、物资、资金与信息等发展所需资源。孵化网络的结构是指网络的规模、密度、中心势等整体特征，不同的网络结构在不同的环境影响下形成各自的运行模式，至此，孵化网络中科技资源配置效率产生差异。上述影响因素对科技资源配置效率的作用如图 6-2 所示。

6.1.2 区域特征因素影响作用机理分析

宏观区域特征一般包括经济环境、社会环境及政治环境三个要素。其中，经济环境是指区域经济发展水平、市场经济成熟度等，社会环境指区域受教

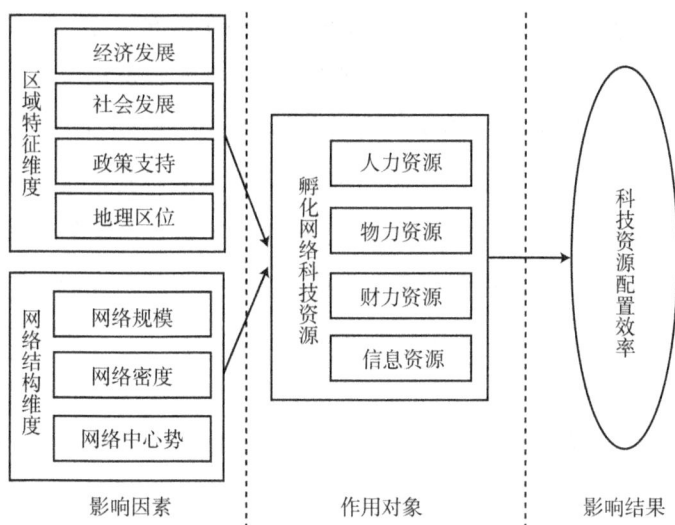

图 6-2　区域企业孵化网络科技资源配置效率影响机理

育人口素质、当地居民的创新精神及对创业失败的包容度，政治环境是指区域政府对制度、政策的制定、财政支持力度等。张炜和邢潇（2006）通过实证研究指出，区域的创业文化氛围、政府政策支持和基础服务是影响在孵企业绩效的三大环境支持因素。章思诗（2017）指出，政府财政监管政策、资源配置政策以及对投资机构的引导政策对孵化器效率的提升具有显著作用。Han（2011）实证研究表明居民受教育程度、大学及科研机构科技活动交流频率对于高校的资源配置效率有显著作用。Deng 等（2013）指出，区域金融效率受到当地金融机构数、GDP 的影响。郑健壮和武朝艳（2017）在对集群企业进行研究时发现政府对创业环境的改善和创业方向的引导很大程度上影响了集群企业的效率。

资源禀赋理论表明，区域间不同的经济、技术、文化、政策等资源禀赋将对其孵化网络的效率产生差异化的影响（王敬，2012）。当人才、技术、经济发展、政策等关键要素产生交互作用形成有机组合并向着理想的状态发展时，当地企业孵化网络将会促成资源的再分配进而实现优质的创业绩效。相对于孵化产业而言，区域可以看成是多种产业的集合。根据 Hu（2007）

的观点，区域能够为某一产业提供稳定的市场和充裕的资源，其多样化的产业结构为差异化的知识创新提供了发展空间。因此，在孵化实践中区域企业孵化网络的发展必然具有一定的地域色彩，与当地的经济、社会发展和政策、地理位置等资源禀赋密切相关，不同的区域资源禀赋对其企业孵化网络发展产生不同的影响。借鉴前人的研究成果，本书认为孵化网络的外部环境是孵化网络赖以构建和发展的重要因素，包括经济环境、政治环境、社会环境及地理环境四大要素。因此，本书分别将经济、政治、社会和地理四个不受网络掌控的因素作为外部环境因素的主要构成，这四个环境要素通过改变创新孵化活动的自主行为模式，影响着科技资源在区域企业孵化网络中的配置过程与配置效率。

（1）经济发展环境与企业孵化网络科技资源配置效率

区域经济环境是指该地区的经济制度、经济结构、产业布局、资源状况、经济发展水平等要素的加总，是一个地区经济发展的重要特征，其中最能体现经济环境的要素是地区生产总值（GDP）。企业孵化创新在一定程度上与当地经济发展环境息息相关，Allen 和 Rahman（1985）通过对美国孵化器协会 70 家孵化器和近千家在孵企业的跟踪调查，发现区域经济发展是孵化绩效的重要影响因素。在经济发展水平越高的地区，其通过技术创新获取可持续发展优势的意愿越强烈。

良好的经济发展环境通常能够吸引优秀的科技、金融、管理人才，从而为技术创新活动提供充沛的人员、资金保障，有利于创新活动的持续开展。另外，经济发展环境较好的区域市场机制较为完善，开放程度较好，因此可以通过市场选择来决定科技创新的方向，市场机制一般通过价格体系来发挥供应信息、进行经济激励并有效决定收入分配（田原，2018）。正如经济学家吴敬琏所说，由市场而不是政府选择的创新产业才会立于长久不败之地，市场才是最好的选择者。因此，经济发展环境好的区域凭借其完善的市场选择机制而促进了技术创新和创业活动，从而避免因政府对科技行业的错误引导而造成不必要的资源浪费，因此可以说市场机制促进了资源的有效利用。

再者，经济发展水平高的区域往往具有较高的开放程度，而在开放的区域中资源流动较为顺畅，同时有利于外资的进入从而与本土创业企业产生竞争；无形的激励促使其不断开拓创新，有利于科技产业的多元化发展，有效避免了单一产业的不确定性风险，有助于异质性人才和资本的积累，从而促进创业资源的优化合理配置（白俊红等，2016），最终提高创业孵化产业的科技资源配置效率。

可见，孵化网络所处区域的经济发展环境对其科技资源配置效率有一定的影响。

（2）社会发展环境与企业孵化网络科技资源配置效率

社会发展环境为企业孵化网络提供创业文化资源。文化资源具体来讲是指区域社会成员在日常生活、生产中所流传并积累而成的行为态度、价值观念和风俗习惯、教育水平、宗教信仰等。其构成要素包括人口规模及其人口流动性、年龄结构、种族结构、收入分配、消费结构等，其中人口规模影响该区域的市场容量和生产能力，年龄结构决定生产和消费的种类和发展模式。社会发展环境是一种隐性的精神环境，在各种外部环境中处于最深的层次，对其他环境因素起到间接影响作用，如对经济市场偏好、政策法规的制定倾向等产生影响。本书的社会发展环境主要是指区域鼓励创新和合作创新的文化。

社会发展环境对一个孵化网络的作用不容小觑。首先，鼓励创业的社会氛围增强人们的创业意愿，激发创造的主动性（党兴华和王方，2014）。在一个积极创新、鼓励创业、包容失败的社会氛围中，人们更有意愿将创业科技资源投入孵化网络中（Conceição & Heitor，2006），创业者敢于冒险、风投机构将更加看好前景乐观的新兴科技企业、孵化器建设模式和规模不断创新出适合当地发展的形式，整个网络表现出强大的创造力，内部资源流通更加高效顺畅。Pauwels 等（2017）认为，创业文化氛围包括支持创业者行为的正式及非正式制度安排。Werner 和 Lester（2001）验证了服务氛围、平等公正氛围、协调氛围与企业创新效率间具有显著的正向相关关系。其次，创新能力强的区域拥有高素质人力资源，有助于科技资源的充分利用。一个区域长期积累的高素质人力资源有助于优化创业孵化网络内部人才配置，从而促进资源配置整体效率的提升。

区域的创业氛围是指当地劳动人口在创业活动中形成的一种创业风气，主要是指在一个地理空间内社会公众在创业活动中体现出来的主观精神面貌和集体认知，具有创业文化的历史性和稳定性，反映了区域就业群体在创业活动上的价值判断和主观意识（吴义刚，2013）。区域企业孵化网络内嵌于当地社会经济环境之中，因此区域良好的创业氛围为孵化园区、科技园、大学创业园提供了更加浓厚的创业环境。创业氛围对于孵化网络内的资源整合具有促进作用：孵化网络所处的社会环境中创业氛围越浓厚，创业企业受到其他同类企业的影响将会越显著，强大的趋同性作用使得网络内部小微企业的交互合作意识与信赖程度越高，从而技术和市场资源共享的意愿越高，共享行为越流行。对于创投机构及中介机构来讲，在创业氛围浓厚的区域中，其对于创业企业的信任与认知加深，有利于提供充足的资金与管理、技术支持，加速孵化活动与技术、市场的剧烈碰撞，有利于网络中知识、技术和市场信息的重新整合与配置。

可见，孵化网络所处区域的社会发展环境对其科技资源配置效率有一定的影响。

（3）政策支持环境与企业孵化网络科技资源配置效率

创业支持政策是政府为鼓励创业精神和帮助创业企业孵化而制定的一系列政策措施。近年来，学者们对政府政策环境的关注日益增加。

首先是科技政策。科技政策立足于近、中、远期的科技发展目标，是指导孵化行业发展的基本政策。科技资源是一种典型的政策"敏感性"载体，孵化网络中存在着大量的科技型小微创业企业，个体组织技术力量单薄且组织间联系不够紧密，市场运作经验缺乏，故网络内部资源配置不够顺畅，对区域的政策支持环境有着很大的依赖性，需要政府加大全社会对创业企业的支持力度以形成区域创业集聚。一些学者通过实证表明政府财税政策对小微科技企业集群内部的创新能力和技术水平的提升作用甚微，而政府广泛号召的集群创新环境的建设（曾萍等，2014）和维护（赵剑波和杨震宁，2012）具有显著效果，政府在扶持孵化产业过程中应重视政策环境的营造。

其次是财税政策。财税政策指的是政府为支持孵化产业而采取的财政及税收优惠政策。宽松的银行信贷、民间金融、商业信贷等融资政策环境已被学者证实可以较大力度缓解小微科技企业资金受限问题（邓超，2014），初创科技企业由于面临新技术开发、新产品生产及新市场拓展的高度不确定性，加之缺乏良好的合作口碑，投资机构或个人无法对其作出精准评估，导致企业往往由于难以渡过资金难关而在短期内夭折。而孵化器园区内部的服务对象——在孵小微科技企业群体在受保护的孵化器环境中得到孵化器平台对于资金的吸引与统一配置，极大地降低了失败概率。而孵化园区正是得到政府的金融支持才能构建有利于创业企业的融资环境。然而，也有研究表明政府支持负向调节产业的协同度与区域创新间的关系（田增瑞等，2019）。

由此可见，孵化网络所处区域的政策支持环境对其科技资源配置效率有一定的影响。

（4）地理区位环境与企业孵化网络科技资源配置效率

广义上来讲，地理区位环境是指与地区发展密切联系的自然禀赋、交通运输条件、科技文化水平等不同因素组成的区位状态（严德成和吴建伟，2017），在一定程度上代表了区域的自然条件和对外开放程度（郭涛等，2018），常常是影响区域产业发展的重要因素。最早的区域理论始于 19 世纪 20 年代的农业区位论[①]，20 世纪 50 年代结合社会实践运用于工业理论[②]。本书借鉴杨达诚（2017）的研究成果，将区位优势与科技、经济等优势进行剥离，特指区域所固有的不可移动的资源优势，包括优良的地理位置、丰富的

---

① 1826 年，Von Thunen 创立"农业区位论"，从级差地租的角度解释距离对农业市场集约度的影响，此后区位理论得到迅速发展。

② Isard 于 20 世纪 50 年代开始研究工业区位理论并将其与社会实践相结合，将区位理论运用到企业家建立工厂时的资源投入，认为地方工厂应该考虑区位因素，弥补地方资本因素和劳动因素的缺陷，以节约投资、提高效率。

自然资源等。有研究表明区域内组织间地理位置的相对集中对区域整体的创新效率有着积极的影响。区位优势度越高的区域与外界空间联系越强，有利于区域的经济发展，反之则不利于区域的经济发展（郭建科等，2017）。在区域发展中只有对其地理因素进行充分分析，寻找适应区域发展的发展类型才能促进区域的发展，否则将会影响到区域的发展水平。

在我国经济社会发展中，地理因素对区域发展有着极为重要的作用，地理环境是各产业发展的前提和基础，对于地方发展和区域整体发展方向有着巨大的影响。创新和创业是与区位特征有极大相关性的活动（Kocak et al.，2017）。进行创业活动需要大量科技物资的流通和储备，良好的交通设施能够为科技工作人员提供便捷的生活服务，更能有效地吸引投资企业和技术设施的运输，因此其为区域创业孵化提供了便捷，为资源的有效流通提供了基础条件，对创新生产活动的支撑和保障作用更加重要，因此是创业孵化资源配置的一个关键因素。具有区位优势的区域能够发挥其比较优势，因其具有枢纽功能优势，有更高的信息沟通渠道（吴波和郝云宏，2018）和人才吸引力，对于创业政策的实施往往更加迅速。事实上，区位优势强的区域对创业企业和各种辅助孵化机构的吸引力更大，因此其显著的知识溢出效益、商务服务优势和高端人才聚集优势为创业孵化资源配置的效率提升奠定了基础。

由此可见，孵化网络所处区域的地理环境对其科技资源配置效率有一定的影响。

6.1.3　网络结构因素影响作用机理分析

网络结构是社会科学中极少数的核心概念之一（Marsden & Lin，1982），又称网络拓扑结构（Topological Structure），是指网络的整体形态、层次，或者是物理上的连通性，是不依赖结点具体地理属性、具体联系内容而表现出的网络特征。复杂网络研究表明，体现网络构成要素间关系的网络结构特征会对网络构成要素行为与绩效产生重要影响（袁剑锋和许治，2017）。网络结构主要衡量指标包括网络规模网络密度、碎片与结构洞、中心化、派系等内容，网络结构作为一种实体促进了网络内部惯例的形成（Turrini et al.，2009）。伴随着创新网络研究的兴起，创新网络结构逐渐受到关注并被认为是创新绩效提升的关键因素（刘凤朝和姜滨滨，2012）。网络结构对创新主体间的知识流动和扩散起主导作用，对创新资源的获取及绩效提升也具有一定的影响（Schilling & Phelps，2007）。国内外学者对网络结构特征做了大量研究，将维度分为网络规模、网络中心性、网络结构洞等重要参数。有学者从网络结构、网络行为和网络产出三方面构建区域企业孵化网络绩效评价体系并计算出孵化网络密度、中心度、网络核心和边缘、凝聚子群等网络结构指标（周建华和段浪，2011），也有研究者将网络内部结点间关系作为研究对象构建企业孵化网络对孵化器绩效的促进作用（刘平，2012）。

已有研究或是将一个小范围地域网络作为研究对象进行网络内部特征的计算，或是研究一个整体网络对某个组织个体绩效的影响，或是研究在网络中的组织个体的网络嵌入性和控制方式对组织结点的绩效的影响，并未将整体网络特征作为影响网络发展的主要因素研究对网络效率的影响并进行横向对比分析，以分析某一时期我国企业孵化网络的地域性差异。网络结构是结点组织在合作互动过程中逐渐形成的，因此会因合作关系的建立、瓦解及网外结点的进退而发生变化，从而使得资源流动的方向和渠道发生改变，网络结构属性影响组织个体接近核心组织的机会，进而影响其获得资源的便利性、取得高绩效的可能性及其在网络中的地位和权力（Cook et al.，1983）。可见网络效率在很大程度上受其自身结构属性的影响，本书即从网络形态来分析其对网络资源配置效率的影响，衡量指标主要有三个：网络规模、网络密度和网络中心势。

（1）网络规模与企业孵化网络科技资源配置效率

本书将网络规模作为衡量效率的主要指标，因为孵化器网络中个体的数量代表了组织可能拥有的资源，因此网络规模的大小意味着企业可能获得的创新资源范围（Allen，2000）。对于组织来说，Schumpeter 认为其规模是组织实力的体现，规模越大代表其创新储备能力越强，同时也代表其可以利用规模效应更好地降低成本并进行市场垄断，从而加速创新成果的市场化进程和提升资源配置效率。对于孵化网络来说，网络规模可被定义为以孵化器和在孵企业为核心的所有创业及辅助创业组织数量总和，也可以定义为网络内部与孵化器直接相关联的合作伙伴的总数（Allen，2000）。在孵化网络中，与孵化器有往来的组织数量能够反映孵化器合作伙伴的多少，由于合作伙伴是提供资源的专门组织，因此其数量代表了网络中科技资源的便捷和丰富程度（Allen，2000）。刘晓燕等（2013）在研究专利合作网络时发现合作伙伴数量和知识扩散正相关，这是因为建立合作关系的组织个体越多，异质性知识碰撞的可能性越大，广泛深入的沟通将会加深合作成员间的信任（常红锦等，2017），从而有助于知识的传播和转移，进而提升知识创新效率。因此可以说资源获取越便捷、资源越丰富的网络，其资源配置更容易进行优化（阮平南和顾春柳，2017）。

当孵化网络规模越大时，孵化器和在孵企业便有机会建立更加广泛而积极的联系以获取更多资源。孵化器通过寻求资源丰富的投资、中介机构和政府等组织，并设法通过他们的中介作用寻求更多的创业辅助实体以获得更多的资源和促进创新资源要素的集成，进而促进区域创新科技要素进行协同创新。例如，高校和科研机构的数量越多则代表可供企业选择的科研合作伙伴越多，从另一角度来讲也代表了潜在创业者越多也即创业孵化的人力资源投入越多，因此对于网络内部知识交流与人才流动具有促进作用，而资源的流动有利于资源向需求性强的组织配置。同样，创投机构越多则代表资助创业企业的资金越充裕，资金机会更加丰富，资金流动更加快捷，因此有利于创业企业弥补财务短缺漏洞，整个网络的融资能力和有效性得到改善，融资成本得到降低，孵化网络资源配置效率得到了提升。

上述论述表明，网络规模越大则资源获取渠道越多，资源配置越容易进行优化。但这种关系并非是绝对的，网络有效性会随着网络规模的变化而发生倒 U 形改变（Ngamassi et al.，2014）。因为当网络中拥有太多同质结点时，网络中便存在大量冗余资源，这时结点间将存在更多的竞争关系而非互利关系，此时网络的大规模属性束缚了资源的流通，影响了网络的有效资源配置。因此在构建网络时，应当建立科学的机制来控制进入网络中的个体数量，同时考虑网络结点间的多样性，吸纳更多异质性机构进入网络以达到资源互补的效果。

因此，企业孵化网络规模在一定程度上影响着网络中科技资源配置效率。

（2）网络密度与企业孵化网络科技资源配置效率

网络密度是网络结构的一个重要特征，代表网络内部组织之间的总体连接程度，是影响网络组织行为及效果的重要因素（Gnyawai & Madhavan，2001），网络密度对网络绩效的影响一直以来是学术界争议的一个焦点。

一方面，有学者认为联系密集的网络关系促进了组织间的技术交流和知识互补，组织间相互学习、共享资源，有助于整体产出绩效的提升和竞争力的增强（吴结兵，2008）。网络密度增大意味着网络中组织个体之间建立起更多联系，这时网络中个体间的信息和资源交换更加便捷，有利于资源的有效利用。Hansen 等（2000）从企业孵化网络的整体密度出发，实证验证了密度对创新绩效的关键作用，指出网络密度的增加有助于创新绩效的形成。密集的网络有效保障了信任制度的建立和维持（Gamst，2010），成员更容易拥有一致的远景规划，有利于内部行为规范的协调，以辅助网络中资源的传播和共享，提升资源配置效率。

另一方面，一些学者强调过丁密集的网络关系将会导致网络整体在发展中出现"锁定"效应（Grabher，1993），也即抱团发展，密闭的网络可能造成网络的封闭和僵化，对于外部新技术和市场变化的感知能力减弱，另外成员之间的"忠诚性"要求可能阻止其与新合作伙伴关系的建立，因此，在一定程度上限制了网络中更加广泛的异质性科技资源的交流，例如瑞士钟表业的衰落正是网络连接过于密集的产物。此外，组织过多地嵌入社会网络将会提高其交易成本，高频度的关系维护使创业企业的经济负担更为繁重。

网络密度的困惑在我国同样受到学术界的热烈争论，我国集群产业长期以来的低端发展即被认为与网络密度有较大关系。密度优势论者认为我国众多稀疏的区域网络连接是影响区域产业发展的根本原因；而持相反观点的学者认为我国一些密度大的集群过于注重小范围结盟，地方保护主义的思想使网络成员不接受外来资源的交换和外来技术的合作，固定的交易合作伙伴无形中减少了其获得新技术和新信息的机会，从而成为产业经济发展的桎梏。因此，低密度网络在某种程度上有利于企业的突破和创新（谢洪明，2011），以创造持续动力。

由此可见，高密度企业孵化网络将促进在孵企业和其他辅助组织间相互联系的频率和强度。具体表现在：首先，高密度的网络意味着网络中存在广泛的组织间交流，可对网络中机会主义行为起到有效控制作用从而降低机会成本；其次，网络成员间较广泛的接触有利于组织间沟通和技术、资金等资源的整合与管理，有效将离散的科技资源投入转换为成功的创业整体行为；最后，高网络密度有助于创业科技组织的广泛交流学习，从而使隐性知识较易得到传播，增强资源配置的整合能力。因此，从整体来看，提升网络密度能够提升孵化资源的整合力度，增强网络整体资源配置效率（文婧和吕慧燕，2015）。但随着网络密度进一步增加，"过度嵌入"现象将可能发生，网络成员间的密切联系导致的封闭性将削弱企业的学习能力并减少初创企业获取新资源的机会，可见负面影响在所难免。然而，网络内部密集的联系更容易在成员间形成统一的惯例，使工作的开展更具协调性，最终促进内部资源的快速传播和有效共享。此时的网络更易形成集体力量来获取资源和进行生产合作，因此有利于网络中资源配置效率的提升。对于发展初期的企业孵化网络，其网络密度越大，孵化网络对各组织个体行为的影响可能越大，因为网络中的组织进行联系紧密的合作，将有助于孵化科技资源的更广泛交流，组织间资源获取和共享的可能性更大，从而有助于促进科技资源的优化配置。

因此，企业孵化网络密度在一定程度上影响着网络中科技资源配置效率。

（3）网络中心势与企业孵化网络科技资源配置效率

中心度是对个体权力的量化分析，而网络中心势是对群体权力分布的量化分析。"中心势"指的并不是点的相对重要性，而是图的总体整合度或者一致性；一般用中心度来描述点在网络中占据的核心性，而用中心势刻画网络图的整体中心性。企业孵化网络中若某结点个体具有最高中心度，则其位于网络的中心位置，相应拥有最大的资源支配权力；反之则处于边缘位置，资源支配权也相对较小。若孵化网络核心结点和其他结点中心度差异较大，则代表网络有较大的中心化趋势（柴箐等，2012）。一般来说，一个结点与其他点越是接近，则该点在资源获取方面就越容易。在整体企业网络中，较高的网络中心势代表着处于网络中心的结点和处于网络边缘的结点差异越大，进一步表明网络的资源获取能力悬殊越大，获取资源的差异越大。

网络中心势是网络整合性的描述指标，整合度高的网络代表其具有较高的垄断性集权；反之，整合度低的网络代表其权力较为分散。有研究表明网络中心化对于组织间信任和互惠有积极影响：由于成员在垄断性的集权网络中比在权力相对分散的分权网络中更容易支配和控制，因此在资源配置过程中表现出较高的效率（Ebbers，2014）。陈伟等（2014）研究表明，网络中心势高有助于网络内部知识的流动和扩散，进而有助于企业间知识的共享和再造，促进网络绩效的提升。在孵化网络中，当网络中心势较高时，孵化网络的整合性服务能力较强，网络中极易形成信息沟通惯例，有利于内部信息和知识资源的整合。这是因为，企业孵化的过程就是在孵化器的帮助下，创业者不断获得创业科技资源并对其进行整合的过程，而在中心势比较高的网络中，中心性高的核心结点往往是孵化器和孵化器协会，这些高度核心化的组织一般具有极强的资源整合能力和组织能力，在整个网络中具有较高的声誉及较大的权威，促使网络惯例的形成，从而促进孵化网络中科技资源配置效率的提升。

因此，企业孵化网络中心势在一定程度上影响着网络中科技资源配置效率。

6.2 QCA 方法及指标计算

网络研究文献一般采用线性回归模型来解读各网络结构特征对绩效或效率的影响，然而根据协同学原理，系统具有"整体性和协同性"，其特征要素间具有一定的相互依赖关系，故对其交互作用的忽视将造成分析结果的偏差（陶秋燕，2016）。因此，本书认为企业孵化网络资源配置效率并非受到某一因素的线性影响，而是各种要素相互叠加和共同作用的结果。本节从广义环境视角出发，应用模糊集定性比较分析方法（fsQCA）研究影响企业孵化网络资源配置效率的网络外部环境及网络结构的条件组合，分析探索区域企业孵化网络个体应如何在各种环境条件下构建适合区域发展的孵化网络以提升区域自身的科技资源配置效率。

6.2.1 QCA 方法适用性分析

（1）传统方法的局限性

在当今科技资源短缺的社会，虽然学术界已意识到资源配置效率研究的重要性并逐步展开影响企业孵化效率的研究，但关于产生效率差异的成果方面仍存在片面研究，研究者尚未充分关注外界因素对网络中资源配置效率的影响，对于多因素交叉影响的研究很有限。笔者认为，只有把网络结构和环境进行匹配性研究才能更好地理解当前的孵化资源配置效率。本章拟通过 7个条件变量研究其对 29 个区域的企业孵化网络科技资源配置效率的影响，但以下因素决定了本书不能使用传统的回归分析或案例分析展开。

第一是因素间交叠作用的分析需求。高效率的资源配置并不是所有宏观环境条件和网络结构条件作用的线性叠加，而是网络结构要素和宏观环境要素相互发生交错作用后的结果。目前影响效率结果的研究仅能验证因素的正向或负向作用力，很少能够阐明不同条件要素如何共同影响效率结果。按照系统论，单从一个环境视角或者网络结构视角研究因素对网络科技资源配置的效率作用是不够的，而应该站在系统的整体性立场来研究各因素之间的交叠作用，用以揭示企业网络的结构特征如何在特定宏观环境中促进资源配置进一步优化以得到效率的提升。本书关注的重点是条件变量怎样组合才会引致结果变量的发生，也即是哪种环境特征中构建哪种网络结构才能获得高效率的资源配置结果，而使用回归方法或案例研究均无法满足本书的分析要求。

第二是结果的多路径问题。众多资源配置效率较高的网络，其所处区域环境与网络结构特点并不具有一致性。这一现象表明，高效率的资源配置结果是由多种路径导致，也即"条条大路通罗马"。在传统的多元统计回归分析中，因变量结果值代表各自变量线性作用的累加，研究人员在回归分析中一贯地寻找相关变量在大样本统计上的显著性作为研究的基本逻辑，而常常对于某一特定结果的特定原因没有解释力度。换言之，若用回归模型解释测度网络结构和环境要素对资源配置效率的差异，得出的必然是两个维度各因素的综合平均作用结果，然而对具体是什么原因造成了效率的差异却不能做出解答。

第三是条件的非对称问题。回归分析的结论是条件要素与绩效间的对称性因果关系，忽略了二者间非对称性关系的可能性。在一般关系研究中，对称性因果关系是指因变量随着自变量的升高而升高（降低）时，也会随着自变量的降低而降低（升高），即在一般定量分析研究中自变量对因变量的关系是确定的。然而在当今复杂的社会问题研究中不同条件的组合使得因果关系间不再具有确定的对称关系，不同条件形成的组合属性使得自变量与因变量之间不再具有对称关系，也即非对称性因果关系。而这种关系在现实中是广泛存在的（夏鑫、何建民、刘嘉毅，2014）。区域企业孵化网络资源配置高效率与低效率的差异并非只是因某一条件因素值的升高或降低所致，因此无法运用传统回归模型进行分析。

第四是中小样本的适用性要求。科学研究常用的分析方法分别是回归分析和案例分析。回归分析是通过大样本的变量间相关系数检验来揭示因果假设的一种统计方法，因此是一种广度的研究，一般来说，其样本量越大，所得结果越具有无偏性。然而，经济管理研究对象常常是天然有限的，如国家、地区等，而对于中小样本，回归分析便失去了优势。本书的条件变量包含7个，研究的样本为我国29个省级区域，样本量较小，加之社会网络结构特征变量之间具有一定的相关性，因此不再适合使用回归分析；另外，区域间存在的某些相似规律无法通过研究小样本的案例分析进行归纳比较，因此案例研究方法也不是本书的首选。

由以上论述可知，在复杂社会问题研究中不是所有研究都适合运用传统回归分析，回归分析方法能够反映各环境变量对资源配置效率的平均、线性作用，但无法给出某一特定结果产生的原因，而定性比较分析（QCA）作为本章实证研究的方法，突破了传统多元回归的桎梏。首先，其能够克服传统回归分析的线性研究和因果对称性缺陷，也避开了回归分析对大样本数据的要求，避免了小样本取值时出现的容易发生的变量间自相关问题与多重共线问题。其次，其使用前提是默认某种结果的出现是多种因素并发的产物，能够结合案例研究和统计分析的优点，进行条件变量的叠加，得出更具有实践指导意义的结果，成为本书的首选方法。由于模糊集定性比较分析能够更准确地衡量变量之值，因此本书选用该方法将样本中条件变量和结果变量赋值为0~1的数值，构建真值表并进行布尔代数简化，以得到影响企业孵化网络资源配置效率的所有原因条件的组合。

（2）QCA方法的优点及适用性

定性比较分析方法最早由美国社会科学家Ragin于1987年提出。在经济管理研究领域中，定性比较分析方法被广泛接受并运用的标志文章是Fiss于2011年发表在 *Academy of Management Journal* 的关于组织研究的实证，在此之后QCA方法逐渐出现在管理学高级别期刊，象征着该方法在管理学研究中得到了广泛的发展。在社会科学研究中，学者们对于定性和定量研究方法的优劣争论已久，而定性比较分析则机智地避开了二者的缺陷。该方法结合了定性与定量方法的优点，是在布尔代数的思想基础上发展而来的一种基于集合论的以案例为研究对象的方法，它带给研究者的不仅是一种技术性手段，而且是一种全新的研究逻辑，该方法认为结果的发生并非由各自变量的单独效应引起，而是由变量间综合作用所致，强调各前因条件间的复杂互动，且不要求对跨层分析中的多层变量进行特殊处理。国内学者近年来也逐渐注意到此方法优于回归方法的独特价值（王凤彬等，2014）。该方法的优势如下：

第一，能够对研究结果与条件变量二者关系进行复杂性处理。QCA 方法从系统分析的视角出发认为前因条件与结果之间并非只有一种途径，而是不同条件组合可能导致同一结果的发生，即条件变量间存在明显的交互作用，是相互依存的（Fiss，2011）。此观点更符合现实世界的逻辑，因此对于管理实践的帮助更具针对性。纵然目前的回归分析也能通过交叉分析解释变量间相互作用的效果，但仅限于 2~3 个变量的交叉分析。当面对多条件因素的交叉作用时，回归分析显然无力对要素之间的非独立关系作出深度挖掘，因此无法处理多因素间非独立关系（Misangyi et al.，2006）。而 QCA 在此问题上的处理方式却"完胜"，能处理三个以上变量的交互效应，分析不同条件共同作用而形成的等效路径（构型）。

第二，对于非对称关系的处理能够更好地解释现实问题。回归分析假设前提是承认自变量和因变量间只存在相关关系的可能，而事实上许多现实问题不仅存在大量的"对称性"相关关系，更存在着"非对称"（即不能通过 A 导致 B 得出非 A 导致非 B 的结论）的集合关系（夏鑫等，2014）。在管理实践中，管理者因资源、能力、环境等原因未必能够采取导致正向结果的管理行为，但却能规避反向条件的发生来避免反向结果的形成。定性比较分析方法基于集合理论进行研究，主要深入研究不同条件组合而成的路径与研究结果间的关系，适用于复杂的成分分析（陶秋燕等，2016），因此允许非对称关系的存在，例如二者间充分条件关系和必要条件关系，相较于传统定量研究来讲，不呈对称的线性相关关系（Fiss，2011）。

第三，对于小样本数据具有处理优势。回归分析是当前定量研究主流方法，由于小样本数据将导致系数偏差、拟合优度差等结果而使结论准确性无法得到保障，因此要求样本量越大越好。而经济管理的研究对象具有天然有限属性，比如国家、地区等中小样本，难以达到大样本量需求。Rihoux 和 Ragin（2009）指出，定性比较分析的样本量需求远远低于回归分析，样本量与解释变量数量有一定关系，一般为十几个至上百个。虽然该方法也可处理大样本，但其在处理中小量样本的有限变异现象时更具优势。根据惯例，对于解释变量为 4~7 的研究，其样本量一般在 10~29，具体来讲，4 个条件变量需要至少 10~12 的样本量，5 个条件变量需要至少 13~16 的样本量，6 个条件变量需要至少 16~25 的样本量，7 个条件变量需要至少 27~29 的样本量，8 个条件变量需要至少 36~45 的样本量（夏鑫、何建民、刘嘉毅，2014）。本书包含 7 个条件变量，故 29 个省域案例符合所要分析的样本量要求。

6.2.2 指标计算及数据收集

由第 5 章效率评价结果可知，区域企业孵化网络的科技资源配置效率在考察期间呈现波动下降趋势，在 2016 年处于最低点，因此本书采取时间影响就近原则，重点考察 2016 年各区域企业孵化网络科技资源配置的效率及其影响，以找到近期效率提升的路径。在此，本书将 2016 年各区域的效率值视为结果变量指标，2016 年区域特征指标和网络结构指标为条件变量指标。对于条件变量指标的计算如下：

（1）区域特征指标计算

1）经济发展环境指标。由于良好的经济发展环境能够为区域创业创新提供优渥的资金支持，同时成为创新创业主体地域选择的重要因素，因此经济发展状态是区域孵化创新的一个最首要衡量环境。而经济发展水平是衡量一个地区经济发展状态的首要指标，一般来说，经济发展环境较优越的地区创业创新能力也越强，资源配置更为科学合理。一般研究用地区生产总值以及市场环境来作为其测度指标。在对市场环境的测度中，有研究直接利用樊纲等编制的中国市场指数，也有研究基于市场环境与经济发展的强相关性，用区域人均生产总值或者区域国内生产总值表征当地经济市场环境（赵文和王娜，2017）。鉴于人均地区生产总值能够较为客观地消除区域人口和规模差异，本书首先运用各省市区 2016 年地区人均生产总值来表征企业孵化网络的市场和经济发展水平，也即孵化网络发展的经济环境；同时，本书使用樊纲编制的区域市场化指数来反映区域的市场发展程度，以反映区域中孵化市场的环境成熟度，由于樊纲市场指数仅更新到 2014 年数据，因此本书使用二次指数平滑法计算得出各区域 2016 年的指数。

2）社会发展环境指标。创新性强的网络往往存在于具有较高文化水平和较强创新能力的区域环境中。富有创新性、冒险性和高知识群体所在的区域文化氛围较易富含创新创业情绪（白俊红等，2016），有利于引导人们开展科技创业活动，也有利于引导投资者为创业企业投资。首先，一般来讲，具有大量高学历人口流入的地区充满创业活力，往往会吸引较多创业资金注入，同时有助于激发作为创业配套的区域创业辅助机构的建立，有助于当地企业孵化网络资源配置的优化，而区域高等教育的发达程度一般可反映当地文化水平，因此本书借助 2016 年各区域普通高校总数作为计算指标，通过衡量高等教育水平来反映区域为创业者提供的社会环境条件。其次，全社会创新能力能够代表企业孵化网络创业基础能力，用《中国城市和产业创新力报告》中的省级创新力指数来衡量地方社会创新环境，该指标是基于专利的微观大数据而得到的省域创新力指数，该指标从企业出发到产业、城市、省、国家，勾画和展示了中国的"创新全景图"。本书使用《中国城市和产业创新力报告 2017》中省级创新力指数作为区域社会创新能力指标之一。

3）政策发展环境指标。本书在 Mclwee 与 Atherton（2005）的创业政策理论指导下，参考张永安和张瑜筱丹（2018）的研究成果，采取地区科技财政支出指标来反映区域政府金融政策支持力度，以体现各区域政策发展环境。数据来自《中国统计年鉴》。

4）地理发展环境指标。随着经济社会的发展，交通水平对区域的各方面发展有着重要的影响，学者对区位优势度的讨论一般立足于产业优势度

（邵元军，2010）、居住环境优势度（董庆和袁宗福，2017）以及交通区位优势度三个角度（李志等，2014），将这三者的优势度与区域经济发展相联系，分析优势度对经济发展的贡献。一个区域的发展离不开物流、能流、信息流等资源通道的高速运转，而交通便利度正是这些通道发展的基础，因此交通便利对区域经济发展起着决定性作用。区域孵化产业作为区域创新系统的重要组成部分，其创新资源的获取受到交通网络布置及道路建设水平的主要影响。本书从交通优势度视角来考察区域的优势度。金凤君等（2008）对交通优势度从"质""量""势"三个角度详细展开论述并给出了明确的定义；有学者从不同交通方式的通达性对区域展开评价（王世金等，2017）。目前我国交通主要以铁路、公路、航运和航空为主，因此本书使用区域客运总量作为衡量区域交通的通达性进而衡量地理发展环境，指标数值为区域铁路、公路和水运客运量的加总，数据来自《中国统计年鉴（2017）》。

（2）网络结构数据收集

1）数据收集方法。网络结构研究属于整体网络研究范畴，资料收集方法有多种，研究者可以通过如下八种方式进行：利用网络中的"线人"进行数据收集；根据提名法收集资料；利用职位生成法收集网络资料；利用导出方法收集数据；利用观察法和实验法收集数据；利用调查问卷方法收集；利用参与者访谈的方法收集；利用档案资料收集网络数据（刘军，2009）。一般情况下，前七种收集网络资料的方式费用高，且不容易得到整体网络所有结点成员的资料，而利用第八种也即档案资料来收集整体网络数据具有费用节省、资料获取全面的优点，可以收集过去发生的且其他方法收集不到的关系资料，在国外得到了广泛应用。随着我国互联网数据信息的逐年完善和网络资料收集工具的日益强大，该方法在我国的可行性及可信度上升，国内越来越多的学者开始使用该方法完成数据收集工作。在社会网络及网络组织研究中，档案资料现也被用来进行贸易关系、组织间关系及政务关系等的数据分析（林聚仁，2009），在同一文献或资料中出现的组织一般被认为具有业务来往，因此为整体网络的结构研究提供重要的资料数据。

鉴于文献档案法快捷、信息量大且成本低的优点,本书使用该方法进行各省域孵化网络中关系数据的获取,以通过个体间关系网的构造来完成网络结构指标的计算。本书主要利用互联网数据进行文档的追踪,利用网络信息获取软件 Python 穷尽孵化器及相关合作单位网站所有报道,认为出现在同一篇报道的两个组织即存在有合作关系,此处的合作关系包括孵化合作、业务往来、创业投资、共同研发、商业咨询等。

2)数据收集过程。本书将孵化器作为网络中的核心结点,所选孵化器来自科技部 2017 年 10 月公布的《2016 年度通过税收政策审核的国家级科技企业孵化器名单》所列出的 354 家孵化器。获取孵化器网络连接的方式主要依靠爬虫工具搜索,搜索内容涵盖孵化器的百度搜索引擎合作信息及孵化器官方网站全部后台数据信息(包括网站项目合作介绍、投融资信息、孵化企业信息及其合作机构友情链接等信息),在后台整套数据获取的基础上作者进行关键词搜索(关键词包括孵化器、公司、局、大学、学院、院、基地等),读取周围与之发生联系的其他机构,建立两两关系数据库。另外,在工具搜索的基础上做数据补充,主要途径有通过所有孵化器公众号内容进行搜索来获取结点间联系信息;作者通过孵化器网站获取孵化器联系方式,通过电话咨询及面对面交流方式进一步补充获取孵化器内部创业企业间关系、合作中介组织、创投机构、合作高校及科研机构、政府机构等信息,在数据获取过程中进一步扩充地方孵化器结点数量,通过以上途径的最终建立每个区域的两两关系数据库。

(3)网络结构指标计算

作者基于已构建的省域网络关系数据库,利用 Ucinet 6 软件内置 netdraw 模块绘制出 29 个省域的网络拓扑结构图[①]。由所绘图形看出,29 个省域企业孵化网络呈现出较大的差异性,部分省份连接密度较小,甚至出现断裂的网络子群(如山西省),从整体上看不利于有效资源的充分利用和共享。为进

---

① 我国 29 个省域企业孵化网络拓扑结构图见附录 1。

一步开展网络结构对网络中科技资源的配置效率影响研究，本书进一步对各整体网络数据进行规模、密度及中心势等结构指标核算。

1）网络规模指标。区域企业孵化网络的规模是指一个区域中参与企业孵化的所有组织的数量，因此本书用孵化网络中各业务合作伙伴数量来表示该区域的网络规模。统计数据根据国家级企业孵化器所合作的全部组织计算而得，包括以国家级孵化器为核心成员的区域企业孵化网络中所有组织个体，有孵化器、在孵企业、大学及科研机构、中介机构、创投机构、合作孵化器和政府组织，具体数据详见表6-1。

表6-1　我国29个省域企业孵化网络规模数据值

序号	省市区	网络规模	序号	省市区	网络规模	序号	省市区	网络规模
1	安徽	451	11	湖北	266	21	山西	34
2	北京	735	12	湖南	536	22	陕西	103
3	福建	60	13	吉林	45	23	上海	2751
4	甘肃	40	14	江苏	915	24	四川	108
5	广东	728	15	江西	47	25	天津	267
6	广西	48	16	辽宁	169	26	新疆	544
7	贵州	17	17	内蒙古	28	27	云南	79
8	河北	506	18	宁夏	29	28	浙江	1899
9	河南	264	19	青海	80	29	重庆	74
10	黑龙江	48	20	山东	707			

资料来源：作者经 Ucinet 6 软件计算而得。

由表6-1可知，我国区域间企业孵化网络具有鲜明的地域特征，规模差异较大，最大规模的网络为上海，网络构成机构数量为2751，浙江紧随其后，数量为1899；其次为江苏、北京、广东和山东，这些省市吸引了大量的创业企业集聚，从而代表了我国孵化产业最高梯度，它们是中国科技企业孵化产业中最富竞争力的区域结点并带有垄断性的竞争优势，同时为整个国家的孵化产业做出了巨大的贡献；而规模最小的网络为贵州，其网络构成机构数仅为17，另外甘肃、广西、黑龙江、吉林、内蒙古、宁夏、江西和山西等中西部及东北地区网络内部孵化机构数不足 50，表明了这些地区孵化产业颇为冷清，急需大力发展。网络规模的巨大差异充分说明了我国企业孵化产业发展极大的不平衡性，在未来发展中缩小差异的首要任务便是引起地方政府的足够重视，从扩大区域内部规模开始。

2）网络密度指标。社会网络理论研究表明，整体网络的密度对该网络中结点组织的行为惯例、合作意愿等产生较大的影响。一般来说，保持紧密联系的合作组织所在的网络密度较大，组织间合作较紧密和频繁，各种资源的共享程度则较高；但是过于紧密的网络可能形成密闭的小团体，反而不利于整体网络接受新的组织加盟而限制其得到进一步发展（刘军，2009）。按照社会网络研究理论，由于本书的区域网络数据侧重于组织与组织间是否具有合作往来，因此需要采集的信息为无向关系数据。依照刘军（2009）整体无向关系网络密度计算方法，在有 n 个行动者结点的网络中，假设组织两两之间均存在联系，则其关系总数在理论上最大可能值是 $n(n-1)/2$，倘若网络中包含的实际关系数量为 m，则该网络的密度即为"实际关系数量"与"理论上最大关系数量"之比，即：

$$m/(n(n-1)/2) = \frac{2m}{n(n-1)} \tag{6-1}$$

本书利用 Ucinet 6 软件中的"density"模块计算得出 29 个省域整体网络密度，数值列于表 6-2。

表 6-2 我国 29 个省域企业孵化网络密度值

序号	省市区	网络密度	序号	省市区	网络密度	序号	省市区	网络密度
1	安徽	0.005982	11	湖北	0.011292	21	山西	0.055258
2	北京	0.005565	12	湖南	0.005398	22	陕西	0.038835
3	福建	0.064972	13	吉林	0.049495	23	上海	0.000802
4	甘肃	0.112821	14	江苏	0.002853	24	四川	0.029768
5	广东	0.003673	15	江西	0.050879	25	天津	0.010729
6	广西	0.056738	16	辽宁	0.013314	26	新疆	0.00436

序号	省市区	网络密度	序号	省市区	网络密度	序号	省市区	网络密度
7	贵州	0.183824	17	内蒙古	0.092593	27	云南	0.029211
8	河北	0.00486	18	宁夏	0.100985	28	浙江	0.001316
9	河南	0.010571	19	青海	0.038291	29	重庆	0.029619
10	黑龙江	0.056738	20	山东	0.003574			

资料来源：作者经 Ucinet 6 软件计算而得。

从表 6-2 可以看出，我国各省域企业孵化网络密度差异较大，相对来讲，密度较大的省市区有贵州、甘肃、宁夏等西部地区，表明这些西部省份近年来虽然孵化网络规模较小、资源明显不足，但较高的连通性将有助于弥补其资源劣势，通过频繁的机构间交流激发集体学习，获取资源的外溢。从附录 1 中北京、浙江、广东等省市的孵化网络结构图来看，虽然其密度值较小但很大程度是因其巨大的规模基数而造成的，从其网络结构图可以观察到其复杂的网络联结，表明这些省份的孵化产业价值链不仅通过孵化器形成上下游联结的沟通链，也延伸到了孵化器之间以及创投、中介等相同环节的辅助机构的横向连接中。网络内企业能够充分分享各种联系带来的外部经济，丰富的连接种类为孵化科技资源利用效率的升级发展提供了巨大的契机。

3）网络中心势指标。网络中心势是反映网络是否具有显著中心化趋势的概念，本书运用中心势指标来描述网络中资源配置的集聚程度。不同的网络图具有不同的中心趋势，例如星形图的核心点度数中心度最大，其他点的度数中心度都是 1，因此度数中心度差异最大，因此星形图具有最大的中心势。而在 n 点完备网络中任何点的度数都等于 $n-1$，故其没有中心趋势，也即中心势最小。

网络中心势指数测度的方法为：网络图中最大中心度与其他点的中心度的差值之和除以理论上各差值总和的最大可能值（刘军，2009），结果取值处于 0~1。测度公式为：

$$C = \frac{\sum\limits_{i=1}^{n} (C_{max} - C_i)}{max\left[\sum\limits_{i=1}^{n} (C_{max} - C_i)\right]} \qquad (6-2)$$

式中，C 为网络中心势；C_{max} 为结点最大中心度；C_i 为 i 机构的中心度；n 为该企业孵化网络的结点数。

表 6-3 为 2016 年我国各省域企业孵化网络的网络中心势数据，可以看出，平均网络中心势为 0.387，中心势标准差和变异系数分别为 0.256 和 0.662，各网络中心势并不呈均匀分布，存在很大差异。从表中看出，中心势遍布较广的数值，从 0.0063（上海市）到 0.9947（吉林省）不等。

表 6-3　我国 29 个省域企业孵化网络中心势数据值

序号	省市区	中心势	序号	省市区	中心势	序号	省市区	中心势
1	安徽	0.6636	11	湖北	0.327	21	山西	0.2311
2	北京	0.0135	12	湖南	0.0258	22	陕西	0.2803
3	福建	0.3711	13	吉林	0.9947	23	上海	0.0063
4	甘肃	0.3131	14	江苏	0.4986	24	四川	0.4077
5	广东	0.1646	15	江西	0.2647	25	天津	0.5119
6	广西	0.296	16	辽宁	0.9624	26	新疆	0.6352
7	贵州	0.925	17	内蒙古	0.4986	27	云南	0.5882
8	河北	0.3212	18	宁夏	0.3135	28	浙江	0.1696
9	河南	0.2307	19	青海	0.4151	29	重庆	0.406
10	黑龙江	0.2516	20	山东	0.1385			

资料来源：作者经 Ucinet 6 软件计算而得。

（4）fsQCA 数值处理

本书从整体系统的视角探索各企业孵化网络如何在其他环境条件的作用下实现要素间的交互作用，如何寻找高效率资源配置的多条等效路径，使用模糊集定性比较分析方法（fsQCA）展开研究，以处理多个因素构成的多种路径，即网络结构应该如何在不同区域环境条件下构成"秘方"来实现资源配置高效率。

在使用模糊集合将计算所得的指标数据进行分析时，首先需要将七个因素的部分条件变量进行内部整合，其中经济因素包括区域人均 GDP 和区域市场化指数两个条件变量；同样，区域社会环境条件包括区域创新指数以及区域高校数量两个条件变量。通常来讲，多指标的一致性程度是衡量其能否进行聚合的一个重要表征，本书利用 Cronbach's α 系数值来对同一维度的指标进行一致性检验，该系数值越大则表示指标间内在一致性越强，从而可以对这些指标进行聚合，否则不能进行聚合。既往研究认为，Cronbach's α 系数大于 0.7 时则可表示指标间具有满意的一致性。经检验，人均 GDP 和市场化指数两个指标的 Cronbach's α 系数值为 0.863，表明这两个指标具有较高的内在一致性；区域创新指数和区域高校数量两个指标的 Cronbach's α 系数值为 0.779，表明这两个指标也具有满意的一致性。在此基础上，本书将两组指标先进行标准化再求均值进行聚合，构成区域经济环境条件因素和区域社会环境条件因素总指标。以上步骤减少了 QCA 中条件变量的个数，有利于后续的科技资源配置高效路径分析。

Fiss（2011）、Fan（2017）的研究表明，使用模糊集运算将各条件变量校准为集合隶属度时可设定三个锚点，即完全隶属点、中间点及完全不隶属点。这三个锚点分别可取样本数据的上四分位数、中值以及下四分位数，当这些点周围存在间距较大的二值时可取将二者隔开的某一数值。本书按照以上方法将网络规模、网络密度、网络中心势、区域经济环境、区域政策环境、区域地理环境和区域社会环境七个条件变量进行模糊值校准，校准锚点如表6-4 所示。

表6-4 因果变量模糊校准锚点设定

变量			目标集合	锚点		
				完全隶属	中间值	完全不隶属
结果变量	结果	效率	高效率	0.8	0.6	0.5
原因变量	网络结构维度	网络规模	高网络规模	700	160	50
		网络密度	高网络密度	0.056	0.0293	0.0056
		网络中心势	高网络中心势	0.5	0.325	0.25
	区域环境维度	区域经济环境	高人均GDP&市场化	0.04	0.306	0.0283
		区域政策环境	高地方科技财政支出	190	70	45
		区域地理环境	高单位面积客运量	7200	4000	2100
		区域社会环境	高创新&高校数	0.0385	0.03	0.019

资料来源：根据各条件变量四分位数整理而成。

6.3 效率提升路径结果分析

6.3.1 必要性检验

根据Fiss（2011）和王凤彬等（2014）的研究成果，QCA是条件变量充分性的研究，因此在研究中应将必要条件进行剔除。可见在QCA分析时需首先进行单变量必要性测算，倘若某一条件变量是结果变量的必要条件，则其一致性指标通常大于0.9。在本研究中，为了确定七大条件中是否存在科技资源高效配置的必要条件，需要首先检验结果中高效率值的必然性，也即在模糊集校准后需进行条件集合的必要性检验。当必要一致性指标值超过0.9时即认为高效率的资源配置结果在该条件发生时一定会发生，违背了路径研究的充分性原理，因此需首先将该条件进行剔除。

表6-5显示七个条件正、负向的必要性分析结果，表中所有条件变量的

一致性值均小于 0.9，证明了区域中高效资源配置是多种因素共同作用的结果，单个要素对区域企业孵化网络效率的高低并不具备强解释力，从而表明可以进行多因素交叉作用的路径分析，同时也表明了此项研究不适合进行一般回归分析。

表 6-5　条件变量必要性分析

条件变量	Consistency	Coverage
fz 网络规模	0.877732	0.572638
~fz 网络规模	0.299863	0.669207
fz 网络密度	0.463798	0.504458
~fz 网络密度	0.661885	0.623552
fz 网络中心势	0.420765	0.432281
~fz 网络中心势	0.669399	0.664407
fz 经济环境	0.635246	0.672451
~fz 经济环境	0.466530	0.450231
fz 政策环境	0.677596	0.731024
~fz 政策环境	0.461066	0.437459
fz 地理环境	0.733607	0.770998
~fz 地理环境	0.398907	0.387525
fz 社会环境	0.647541	0.707991
~fz 社会环境	0.433743	0.406791

注："~"指条件变量取逻辑非，代表与条件变量方向相反。

资料来源：作者使用 fsQCA3.0 软件计算而得。

6.3.2　真值表分析

在必要性检验后本书基于 Rihoux 和 Ragin（2009）模糊集合理论对七个条件变量所构成的模糊集进行渐进变化（Gradations）处理。采用真值表算法可以得到原因条件的不同路径从而产生较高的区域资源配置效率。利用 fsQCA 中真值表分析模块得出省域企业孵化网络效率的真值（Truth Table，见表 6-6），以列出原因条件的所有路径，也即原因条件所有可能的逻辑组合

（每个条件赋值为1或0），从而体现区域企业孵化网络科技资源配置实现高效率的不同路径。本书包括七个条件变量和一个结果变量，因此真值表将包括2^7（128）个潜在路径，每个区域将作为一个样本案例被分配到这128个路径行中，而案例数量的有限性和现实案例的集聚性特点将导致很多路径中案例匮乏而另一些路径中包含较多数量的案例（Ragin，2008）。表6-6中最后一列显示每个前因组合作为高效率结果子集的一致性程度。本书由于案例数较少，因此作者将案例阈值设置为1，另外根据Ragin（2006）的研究，本书选择0.9作为一致性阈值，表6-6中第九列所示即为高效区域的编码（高效区域编码为1，低效区域编码为0）。

表6-6 科技资源配置高效路径真值

NS	ND	NC	EE	PE	GE	SE	N	E	RC
1	1	1	0	0	1	0	1	1	0.98
1	1	0	0	1	0	0	1	1	0.98
1	1	1	0	1	1	0	1	1	0.97
1	1	1	1	1	1	0	1	1	0.96
1	1	0	1	0	0	1	1	1	0.92
1	0	0	1	1	1	1	7	1	0.92
1	0	1	1	0	1	1	1	1	0.91
1	0	1	1	1	1	1	2	1	0.84
1	1	1	0	1	0	1	1	1	0.81

注：表中 NS 代表网络规模，ND 代表网络密度，NC 代表网络中心势，EE 代表经济环境，PE 代表政策环境，GE 代表地理环境，SE 代表社会环境，N 代表案例数量，E 代表区域企业孵化网络资源配置效率，RC 代表本行原因条件组合作为结果发生的一致性指标值。

资料来源：作者利用 fsQCA3.0 软件 Truth Table 计算模块运算得出。

通过真值表可得出各省域企业孵化网络科技资源高效配置的多个等效路径。如表6-6所示，高效率路径有9个，代表本书中另外119（128-9）个路径均属于逻辑余项而无法得到实际案例的支持。fsQCA 将通过布尔代数对路径进行最小化因果条件处理进而得到研究的复杂解（complex solution），而对于暂无样本的路径，fsQCA 将采用简单反事实和复杂反事实分析来简化筛选的路径以分别得到样本的中间解（intermediate solution）和更为简洁的简约解（parsimonious solution）。其中简约解是与结果变量有着高度因果关系的核心要素（Ragin，2008）。因此，简约解结合中间解的分析可确定出哪些条件变量是结果得以发生的核心要素，而哪些是结果发生的辅助要素。

6.3.3　科技资源高效配置路径分析

FsQCA分析程序产生三个解：复杂解、简约解、中间解（针对研究对象，具有意义的"逻辑余项"被纳入解中）。复杂解所得到的路径会比较多，解释起来不具有代表性；简约解纳入了一切反事实分析，因此可能难以解释现实问题；处于复杂解和简约解之间的解为中间解，中间解的一个重要优点是他们不允许消除必要条件——任何构成结果的超集以及作为必要条件的有意义的条件（Rihoux & Ragin，2009）。一般来说，中间解优于复杂解和简约解，是任何QCA版本的常规部分（Fiss，2011），受到QCA研究学者的广泛青睐。本书将各区域企业孵化网络科技资源高效率配置的中间解及简约解列于表6-7。

表6-7　科技资源高效配置路径中间解及简约解

中间解（intermediate solution）			
路径 （configuration）	原始覆盖率 （raw coverage）	净覆盖率 （unique coverage）	一致性 （consistency）
NS * ND * NC * ~PE * GE * ~SE	0.147541	0.034153	0.977376
NS * ND * NC * EE * GE * ~SE	0.118169	0.00683057	0.961111
NS * ~ND * NC * EE * GE * SE	0.172131	0.0116121	0.831683
NS * ~ND * EE * PE * GE * SE	0.510246	0.333333	0.886121
NS * ND * ~NC * ~EE * PE * ~GE * ~SE	0.0894809	0.032787	0.97037
NS * ND * ~NC * EE * ~PE * ~GE * SE	0.090164	0.0157104	0.923077
NS * ND * NC * ~EE * PE * ~GE * SE	0.0765027	0.0170766	0.811594
Solution Coverage	0.700137		
Solution Consistency	0.881341		

续表

简约解（solution）			
路径 （configuration）	原始覆盖率 （raw coverage）	净覆盖率 （unique coverage）	一致性 （consistency）
ND * PE	0.220628	0.0307376	0.917614
ND * GE	0.23224	0.045765	0.979827
EE * SE	0.581967	0.470628	0.837758
Solution Coverage	0.737022		
Solution Consistency	0.84827		

注：~表示原正向指标作逻辑反操作。

资料来源：作者使用 fsQCA3.0 软件求解后整理所得。

由表 6-7 可知，本书计算得出的科技资源高效配置的中间解总体一致性（Solution Consistency）为 0.881341，大于 Ragin 所建议的阈值 0.75，通过检验；总体覆盖率（Solution Coverage）为 0.700137，代表这些路径可解决科技资源高效配置的 70% 的原因。另外，fsQCA 所得高效配置的简约解有 3 个路径，总体一致性为 0.84827，大于阈值 0.75；覆盖率为 0.737022，解释力度较高。

在网络结构和宏观环境 7 个条件变量的复杂作用下，由三组简约解构成高资源配置效率三大类路径：①在区域政策高度支持的环境下，高网络密度策略，即 Ha 型；②在区位优势度显著高的区域中，高网络密度策略，即 Hb 型；③高经济支持环境和高社会支持环境作用下的网络，低网络密度或低网络中心势策略，即 Hc 型。为更好地研究科技资源的高效率配置路径，本书引入核心要素与非核心要素这两个路径研究的主要概念，以完整体现类型学中的因果关系，在简约解和中间解中得以体现。在类型学中，核心要素处于本质而重要的地位，对结果起较强的决定作用，类似于本书简约解中各组合要素；同时，非核心要素处于辅助而次要的地位，对结果起较弱的决定作用，是可以被替换的条件，在本书中是中间解的非简约解部分。由于简约解代表加入复杂反事实因素，因此在解释时难以做到准确描述，故本书围绕上述三种核心路径，加入中间解组建 7 种一般路径。

本书进一步将简单解和中间解进行整理，形成如表 6-8 所示的路径集合表，体现高效配置"殊途同归"的路径。参考 Fiss（2011）的研究建议，用 ●表示核心因果条件发生，用⊗表示原因条件不出现，另外，大图形代表核心条件，小图形代表辅助条件（非核心条件），空白表示原因条件出现与否不影响结果。表 6-8 的中间解显示，区域获得科技资源高效配置的路径有 7条，观察其覆盖率可知，路径 Hc2 的覆盖率最高（为 0.51025），据此可判断第 4 条路径最为重要，路径 Hb1、Hb2 和 Hc1 覆盖率大于 0.1，这 4 条路径构成了区域实现高效率的主要路径。模型整体覆盖率约为 70%，即所得结果能够解释 70%的区域企业孵化网络科技资源高效率配置的原因。

表 6-8 科技资源高效配置路径

条件因素		科技资源高效配置路径						
		Ha		Hb		Hc		
		Ha1	Ha2	Hb1	Hb2	Hc1	Hc2	Hc3
网络结构	网络规模	•			•	•	•	•
	网络密度	●	●	●		⊗	⊗	•
	网络中心势	⊗	•	•				⊗
网络环境	经济环境	⊗	⊗		•	●	●	●
	政策环境	●	●	⊗			•	⊗
	地理环境	⊗	⊗	●	●	•	•	⊗
	社会环境	⊗	•	⊗	⊗	●	●	●
Raw coverage		0.08948	0.07650	0.14754	0.11817	0.17213	0.51025	0.09016
Unique coverage		0.03279	0.01708	0.03415	0.00687	0.01161	0.33333	0.01571
Consistency		0.97037	0.81159	0.97738	0.96111	0.83168	0.88612	0.92308
Overall Solution Coverage		0.700137						
Overall Solution consistency		0.881341						
Frequency Cutoff		1						
Consistency Cutoff		0.811594						

注：●表示核心因果条件发生，•表示辅助因果条件发生，⊗表示辅助因果条件不发生，空白表示当前路径中该条件存在与否无影响。

资料来源：作者根据 fsQCA3.0 软件求解后整理而得。

（1）路径 Ha1 分析

路径 Ha1（NS * ND * ~NC * ~EE * PE * ~GE * ~SE）表明在经济欠发达、市场化指数不算高的区域，若当地的地理区位条件不佳，也即不具备沿海、靠近发达城市等地理优势，当地居民对于创业失败缺乏较高的容忍度或当地居民对于科技创业的立场较为保守，在这样的地区倘若政府在创业孵化政策方面给予强化，明确加强对小微企业融资力度并且严格落实对创业企业税费的公开减免政策，将会降低企业创业成本。此类区域往往处于孵化产业发展的初期，参与创业孵化扶持的网络结点企业在政府政策的引导下已初具规模，当网络内部组织个体不存在明显的领导者，或者说网络中孵化器及其与孵化辅助组织的联系较为均衡而网络中不存在显著的核心机构时，孵化网络中的企业组织个体应加强交流广度、增加彼此连接数量并充分实现资源快速流通和共享，当地企业孵化网络才能够在政府的强化引导和组织间交流中达到高效率资源配置。

此类路径的区域代表为江西省，自 2015 年以来，江西省政府为降低全民创业创新门槛，以创业创新带动当地就业和经济发展，根据《国务院关于大力推进大众创业万众创新若干政策措施的意见》提出一系列降低创业门槛、激发全民创业活力、加大创业资金支持和提升创业服务水平的政策，极大地鼓舞了科技创业者的斗志并点燃了孵化辅助机构的热情，另外出台了《关于支持赣商回乡创业发展的意见》，充分吸引人才在江西创业，对赣商企业上市和"新三板"挂牌，省财政分阶段补贴达 200 万元。另外江西省普惠金融定向降准，加大再贷款再贴现投放，支持银行业金融机构发行小微企业贷款，支持证券和小微企业金融债券，扩大信贷资金有效供给，贷款融资政策的力度加大极大地增强了人们开展科技创业的积极性。有利政策为孵化网络中创业组织的成立及组织间建立广泛交流合作关系奠定了基础，因此江西的科技企业孵化网络在 2016 年表现出高效率的资源配置水平。

（2）路径 Ha2 分析

路径 Ha2（NS * ND * NC * ~EE * PE * ~GE * SE）表明在不具备地理优

越性的区域，若当地经济基础薄弱、市场化指数不高，倘若当地有较好的创业氛围和创业基础条件（区域具备大批优质高校进而有助于培养大量高水平科技人才），则该区域也具备达到较高的资源配置效率的可能性：此类区域要制定有力的创业政策，充分利用科技人才数量突出的优势扩充创业孵化组织规模，并制定优惠政策构建组织间广泛联系的平台，实现孵化网络内部联系密度的加强。因为当地市场化指数相对较低，因此网络中需要核心组织（如大型孵化器、孵化器协会等机构）牵头帮助在孵企业充分联系创投机构以获取资金、联系销售平台中介以创立产品销售渠道……在大型核心组织的驱动下，孵化网络整体呈现较高的中心势。在这类特点的区域中，企业孵化网络科技资源配置可实现较高的效率。也即，在政治和社会环境具有优势但区位优势度和经济基础不佳的区域中，要充分利用政策来激励当地的高素质人才进行创业，以扩大网络规模和加强网络密度，辅助孵化网络科技资源达到高效配置。

此类路径的区域代表为四川省。四川省具有较多的高校，区域整体创新的能力较强，2015 年以来，出台了力度较大的人才引进政策，成都高新区计划到 2020 年聚集各类科技创业人才 5 万人，孵化科技创业企业 1 万家，同时每年预计花费 1 亿元用于支持成长型科技创业企业，在新创科技企业的资金支持力度不低于 10 亿元。在四川省人才大力引进的政策背景下，企业孵化网络规模日益扩大，在强大的投资激励下网络内部组织能够充分利用平台孵化基金建立互联关系，呈现出较强的网络密度。另外，四川省众多高水平高校为该省提供丰富的智库，集中的科研中心和以实力雄厚的国家级孵化器为中心的网络连接使得整体孵化网络呈现较强的网络中心势，这些因素共同促使四川省企业孵化网络科技资源实现高效配置。

（3）路径 Hb1 分析

路径 Hb1（NS * ND * NC * ~PE * GE * ~SE）表明当一个区域地理位置优越时，即使当地政府尚未出台强有力的创业孵化政策或者当地创新指数和高水平高校不够丰富，也可以达到整个区域企业孵化网络的高效率资源配置。

在这类区域中，优渥的地理位置能够吸引大批量创业企业以及孵化辅助机构，网络内部科技创业人才聚集，机构间联系紧密。另外，区域中呈现出较高的网络中心势，即分布有限的核心组织网络权力较大。在这种情形下较为庞大的网络规模为科技创业企业孵化提供了丰富的资源池，广泛的组织间联系为资源配置提供更多的流通渠道，分布集中的孵化机构拥有较大的权限，有助于对资源的权威性配置，因此在此类地区中，无论当地经济发展水平如何、市场化程度如何，整体网络因网络结构具有较大优势而呈现出较高的资源配置效率。

此类路径的区域为重庆。重庆虽地处于我国西南部地区，但因气候温润、自然景观独特、处于长江上游经济带核心地区而具有得天独厚的地理优势。作为直辖市，重庆市是我国政府实行西部大开发的重点地区，是全国重要的交通枢纽。由第 5 章结果显示，重庆市在考察期内孵化科技资源平均配置效率较低，然而在 2016 年的效率值较高，表明其资源配置能力已得到有效提升。虽然在鼓励创业方面，重庆市 2015 年出台了五大小微企业扶持政策，主要发力点在于降低融资成本，且力度不及周边省市，但其天然的地理优势越来越能够吸引创业者入驻孵化器，外来创业者形成紧密的组织间联系网；网络内部少量国家级孵化器具有较大的网络权力，帮助在孵企业获得所需资源，在第一阶段帮助其有效获取创业资金，在第二阶段帮助其拓宽市场渠道，实现产品创新。

（4）路径 Hb2 分析

路径 Hb2（NS * ND * NC * EE * GE * ~SE）表明在地理位置优越、交通条件便利的地区，如果经济发展比较平稳且市场成熟度高，则区域已经具备了孵化产业资源高效率利用的天然优势，这些区域即使不具备较高的创新能力和较丰富的优质高等教育资源，也有可能因经济和地理优势在科技创业方面吸引更多的高科技创业人才，故在这样的区域，政府政策支持力度已经不再是创业孵化取得良好绩效和提升资源配置效率的必要条件。在这些区域内，企业孵化网络的规模要大，也即创业者、创投机构、孵化器、政府、中介等组成网络的成员要多，在大规模的企业孵化网络内部进行广泛交易，能够充分发挥资源的异质性优势，在网络内部降低交易成本从而有利于创业组织增加外部资源合作伙伴和提升异质资源利用效果。在这种网络中，由于整个区域的创新能力基础不强，因此，需要确定一些核心机构作为资源配置权力结点。在这样的区域外部环境和网络结构组合下孵化科技资源才能实现高效配置。

此类路径的区域代表是福建。福建省地处东部沿海港口地区，经济发展总量虽然处于中上等，但人均 GDP 处于全国领先水平，经济发展和地理区位具有较大的优势。在这类区域中，需要构建类似路径 Hb1 和 Hb2 的网络结构。福建省因地理位置优越，吸引了较多的科技创业人才，因此其孵化产业在近年来得到了迅猛发展，网络成员间交流广泛，孵化器和孵化器协会在发展过程中具有较高的权力配置优势，促进了资源的合理配置，因此该省企业孵化网络在 2016 年实现了较高的资源配置效率。

(5) 路径 Hc1 分析

路径 Hc1（NS * ~ND * EE * PE * GE * SE）刻画的是在地理位置优越、经济发展水平高、市场化指数高的区域，若区域整体创新能力较高且区域高质量高等院校数量较多时，代表这些区域具有良好的创业环境，不管当地政府对创业的支持政策力度如何，对区域内部的企业孵化网络的要求为：网络规模要大，也即需要有较多的创业企业及孵化辅助机构加入网络，由于经济、创新能力和地理条件优越，企业孵化网络中需要而且能够出现一些实力强的科研辅助机构、创投机构和孵化器机构来统一配置资源，因此这类网络中心势一般较高。由于整体网络中心势达到一定程度后，其与网络密度有相互抵触性，因此这类中心势极高的网络中并不需要组织广泛建立与其他机构的联系来扩充其资源来源，为了广大科技在孵企业能够节约交易成本，将更多的时间和精力都投入在科研产品商业化等主营业务中，该类网络中组织成员无须较高的网络密度即可达到高效率的资源配置效果。

此类路径的区域代表是江苏、湖北和辽宁三省。在地理区位方面，江苏省位于中国东部沿海中心，地理上横跨南北，同时具有南北方特征，位置优越；湖北省位于华中腹地，是长江经济带的重要组成部分，是中部地区最大的综合交通通信枢纽；辽宁省是东北地区唯一既沿海又延边、东部和内蒙古地区对外开放的门户，地理位置优越。三省的人均 GDP 均处于全国均值之上，三个区域整体创新力指数较高，区域整体创新能力较强，且拥有大量高水平高校，为科技创业提供了坚实的科研基础。三省的网络规模大，代表各自拥有大量的孵化器、创业企业及创投机构和科研机构等结点。因三个区域经济实力和社会创新能力较强，故可以集中网络中孵化器和创投机构的优势来优化资源配置结构，提升资源配置效率。

（6）路径 Hc2 分析

路径 Hc2（NS * ~ND * EE * PE * GE * SE）的原始覆盖率为 0.51，表示该路径包含了结果中一半的解释案例，对于解释区域中企业孵化网络高效配置具有最强的解释力度。在这类路径中，区域宏观环境均处于全国优势地位，也即经济发展排名为前列，地理区位优势度高，区域社会整体创新能力强且拥有数量可观的高校，此外当地政府对于创业支持力度大，有利于吸引更多的创业者和创投基金加入孵化网络内部，因此网络规模一般较为庞大。在这种网络内，创业组织及孵化支持机构一般都是高绩效组织，在大的宏观经济、政治背景下仅仅依靠孵化器即可完成所需资源的配置，因此无须网络内部成员间密集地维系关系来助其获取所需资源。在以上环境与网络结构特征下资源配置效率一般较高。

此类路径的区域代表是江苏、上海、浙江、北京、广东、湖北、山东、河南、湖南 9 个省市。上述省份多为东部沿海省市及中部地理位置和经济发展较为优越的省市。北京、上海、广东、山东、江苏、浙江是我国创新经济最发达的几大沿海省市，地理位置得天独厚，经济排名及其增速均处于领先水平，在政策优惠方面，每个省市大力支持企业在创业板、中小板上市融资，鼓励大中型企业参股创业企业，并开展股权众筹融资试点，拓宽创业融资渠道，且区域创新指数和优质高校数量处于较高水平。浙江省自 2015 年以来，政府出台众多关于创新创业政策方案,例如,《关于加快发展众创空间促进创业创新的实施意见》《政府办公厅关于加快培育发展科技型小微企业的若干意见》《关于推广应用创新券推动"大众创业、万众创新"的若干意见》《关于进一步加强技术市场体系建设促进科技成果转化产业化的意见》;江苏省出台《省政府关于深入推进大众创业万众创新发展的实施意见》《省政府关于鼓励和促进科技创新创业若干政策的通知》等大量的优惠政策为该省企业孵化产业发展提供创造了极度优越的环境。而湖北、湖南、河南三省地处中部重要位置,经济发展在中部六省乃至中西部地区遥遥领先,湖北省高新技术产业发达,政府每年在科技项目招商引资数万亿元,提供了优越的创业环境;湖南省在文化科技产业领先全国,作为长株潭与珠三角发展之间的纽扣,该省充分利用邻近地的优质资源发展科技孵化产业;河南省拥有悠久的历史和深厚的文化底蕴,同时人口红利也助推河南省的各项发展。在上述地理条件、经济发展和社会创业环境总体优越的区域中,只要创业者和孵化辅助机构数量足够多,网络规模足够大,便可依赖天然的环境优势实现资源的高效配置,而庞大的网络规模足以确保科技创业异质性资源的供应和共享,在孵企业依靠所属孵化机构所提供的辅助服务能够获取所需资源,同时其他机构间维持适当联系而无须付出更多关系维护成本便可完成资源配置。在上述网络结构特点下,区域企业孵化网络实现高效资源配置。

(7) 路径 Hc3 分析

路径 Hc3(NS * ND * ~NC * EE * ~PE * ~GE * SE)表示在经济发展良好、地区社会创新环境较好、优质高校资源丰富而地理位置不具优势、政策支持力度不够的省份中,要提升网络中资源的流通度和利用效率,首先需要网络中有充足的异质资源以供网络成员进行选择,在此基础上需要网络中成员保持广泛的联系来寻求所需资源,也即需要庞大的网络规模和高密度的联系来保证资源的充足供应和快速流动。由于区域不存在地理优势,同时政策扶持力度不及其他区域,因此在网络中不需打造强中心组织来协助资源配置,大规模和高密度的均匀网络能够保证网络实现高效资源配置。

此类路径区域的代表省份是陕西省。陕西省是西部地区重要的经济强省，在西部地区位居第二，是我国五大重要科教高地之一，拥有 8 所双一流高校和 10 余所省部共建高校，整体创新能力强，为当地科技创新孵化产业提供强大的科研基础后备力量。2015~2016 年政府预算中支持科技创新的投资不及全国平均水平（近两年来有大幅上升趋势，引入强势人才引进策略，推升区域创新活力），陕西省企业孵化网络中高校及科研机构比例突出，庞大的创业者群体带动了当地的孵化产业，在孵化过程中为各组织提供了丰富的人力资源；在市场化指数和经济发展显著较高而创业扶持相对不足的内部网络中，孵化器组织个体间实力较为均衡，凭借维持着广泛的连接辅助在孵企业获取所需资源。在这样的整体网络中，资源能够得到充分而高效的配置。

6.4 结果的进一步讨论

企业孵化网络结构特征间固有的高度依存性使得网络结点主体在配置科技资源时不能忽视整体性和协同性原则。本书认为网络科技资源配置的效率并非受某一特征要素的影响或是其简单叠加，而是在不同区域环境下网络结构要素与环境要素相匹配的结果。本章首次从广义环境视角对促使区域企业孵化网络科技资源配置达到高效率的影响因素进行了探索，基于 QCA 方法的案例路径比较分析结果验证了高效率的因素交互性。基于前述路径结果，本书进一步讨论如下：

（1）较大的网络规模是区域企业孵化网络实现高效资源配置的重要条件

网络规模是指构成孵化网络群体的个体总量，包括创新群体和辅助创新群体，在一定程度上反映一个区域企业孵化产业的发展能力及对其重视程度。在上述七个高效配置的路径中均显示该条件发生。而从必要性分析结果来看，该条件的一致性值（consistency：0.87732）接近于 Fiss（2011）所指出的必要条件一致性阈值 0.9，可见在数值上同时体现了其重要性。理论上来讲，网络规模越大则其内部资源越丰富，同质结点聚集可共享相同的设备和相似的服务，异质类结点聚集可获取优质信息、降低交易成本（Roberts & Hauptman，1985），由此反映出孵化网络规模越大交易成本越低。可见，企业孵化网络的规模越大，创业科技资源内容更丰富，创业者获得社会资本和创业资源的路径更多，这些创新科技资源为创业企业孵化奠定了良好的基础，从而自身得以较快地成长和发展。

（2）高网络密度并非所有企业孵化网络保持高效资源配置的必要条件

网络密度是把双刃剑，高密度连接对网络结点的行为能够产生不同的影响。适当加大的整体密度有助于提升个体社会资本（刘军，2009），但过分冗余的联系也会导致个体投入太多的精力和资源来维系关系而顾此失彼，增加网络成员的协调负担（Provan et al.，2007），从而不利于网络整体的发展。对于一般处于初级发展状态的网络来讲，具有经济、地理位置、创新条件优势的区域网络密度不需太大，而其余区域需要增加价值链分工协作互动、减少孤立结点以增强组织间联系，才能保持高效资源配置效果。

对于经济优渥、所处地理区位优势度高且创新氛围良好、创新潜力高的区域，过高的网络密度并不会带来高的科技资源配置效率。因为此类孵化网络因其所在环境的巨大的发展潜在优势而汇聚了全国最优秀的创业企业、大型金融机构和成熟中介机构等个体，内部创新能力和资源整合能力很强，在这类区域中，少量的网络关系覆盖度即可帮助网络成员实现资源所需，网络内部各主体结点仅需维系具有资源相互匹配的固定合作伙伴关系，以确保长期合作即可实现高校资源配置，而冗余的组织间关系将导致成员过高的相似性或过高的关系维护成本，因此这类区域不需要花太多精力在网络关系拓展上，保持固定少量的合作伙伴共享技术和设备、共同研发、提升核心竞争力才是确保孵化网络长期高效资源配置的关键。

然而，对于其他具有区域环境优势的地区，则对网络密度的要求较高。在这些区域中，提升网络密度有助于提升网络内部科技资源的利用程度，从而提升资源配置效率。首先，网络密度提高使网络主体结点创业孵化技能得到提升，从而有利于资源有效利用。网络密度越高，组织结点间联系渠道越广，结点资源信息和技术知识能够得到快速流通和扩散，同时企业间开放互助的学习交流对各类技能的提升有显著帮助（谢洪明，2011），有利于创业者创新科技资源的及时获取和有效利用。其次，网络密度提升时结点成员社会资本具有潜在的扩大效应（Eveleens et al.，2017），从而有利于异质性资源的低成本利用。孵化网络的密度越高，拥有异质资源的组织间接触可能性越大，广泛的异质性社会资本摄入有助于不同组织接触，有利于大量信息、资金和知识技能的互补，提升不同组织间互利合作从而有利于整个网络发挥范围经济的作用，从而通过降低孵化成本以使更多科技资源得到高效配置。

（3）在具有高度创新能力的发达地区，网络密度和网络中心势具有替代关系

从路径 Hc1、Hc2 和 Hc3 可以看出，在经济发达和全社会创新能力高的区域，要么具有高密度和低中心势，要么具有低密度和高中心势。可见在这类区域，高网络密度和高中心势之间存在替代关系。这也充分体现出了 QCA 方法在解释因果关系时的优势，因为一般统计回归模型无法对此类现象做出解释，而 QCA 能够把一系列要素看作条件，以挖掘多个条件发生的原因路径。同时也验证了一个网络理论：在网络中尽管中心化对于网络资源的组织和调配具有正向影响，但二者会此消彼长（Provan et al.，2007），网络规模的扩大将引起创业者社会网络密度的降低，这是因为孵化网络中主体增加后可能会导致主体间联系难度加大从而使联系变得不够密集（Hansen，1995），因此网络不会出现中心化和密度同增现象。在经济发达、社会创新力高的区域企业孵化网络整体创业能力较强，发展较为成熟，企业间联结较易建构，在密度到达一定程度后，密度和中心势并不能同时增长，而是相互替代，辅助提升资源流动和配置效率。

（4）在无区位优势的欠发达区域，提升网络密度有助于资源高效配置

当今双创的背景下，无区位优势的不发达区域的政府已经意识到创业经

济是实现区域可持续发展的基础，因此一般会制定有力的扶持政策来节约孵化器的孵化成本和金融机构的投资成本，从而交易费用得到普遍降低。充分利用网络结点资源、建立多渠道的网络连接意味着组织可通过抱团取暖来充分弥补自身资源劣势。在此类网络中，孵化网络内各组织通过高密度的共享资源和共同学习来实现孵化能力的提升，从而达到高效的科技资源配置效果。

(5) 区域环境是企业孵化网络效率提升的重要支撑

七条路径分析结果表明，并非四大环境要素都处于较高水平才能实现网络科技资源高效配置。首先，区域有力政策是非常重要的一个环境支持要素。当区域的经济、地理、社会创新环境都处于较为劣势的地位（即处于均值以下）时，当地政府应该通过颁布强有力的支持科技创业创新政策来营造一个对创业行为高度支持、对创业失败无限宽容的政策环境，为人才、技术、资金等重要科技资源的引进提供便利条件。在这样的宏观背景下，区域企业孵化网络提高规模、加强结点组织间交流也可实现资源的高效配置。其次，区域地理位置也是一个重要支撑。当区域处于重要位置时，即使区域的其他环境要素未达到均值以上，也将吸引众多优质机构到网络中进行创业及辅助创业实践，同时便捷的交通条件和通信条件使得组织之间交流通畅，有利于网络连接的增加。最后，较强的经济发展水平和良好的社会创新环境有利于孵化网络规模的扩大和良好创业氛围的构建。因此提升经济发展水平，以科技创业示范区建设为重点，推动科技与经济的深度融合，并努力营造对创业者友好的社会环境，对区域企业孵化网络的科技资源配置效率提升有推动作用。路径分析显示，四大环境要素交叉得出七条组合路径，每条路径均体现出独立的实现结果的组合，完整地诠释了达到结果变量的路径和方式，因此再一次证明了 QCA 方法的优越性，它既考虑了多个条件变量的交叉组合效应，又有效避免了回归分析常见的内生性问题，因此是本书研究的最佳方法。

6.5　本章小结

　　本章从 29 个企业孵化网络自身的结构特征和网络所处的区域环境特征两个维度出发，分析了七个因素对区域企业孵化网络科技资源配置效率的影响。在研究过程中，本章融合了定性和定量分析的思想，采用 fsQCA 方法寻找多条高效率资源配置路径。结果表明，区域企业孵化网络科技资源配置效率受到区域经济发展、社会发展、政策支持、区域优势、网络规模、网络密度、网络中心势七个因素的交叉作用影响。处在不同环境特征下的区域应构建与其环境特征相匹配的企业孵化网络以实现整体网络的高效率资源配置。

7 结论与展望

前6章对区域企业孵化网络科技资源配置效率进行了逐层深入的研究。近年来，对创新创业的大量需求和科技资源严重短缺的矛盾在社会主义新时期凸显出来，因此企业孵化网络科技资源配置的效率提升是一个亟待解决并值得长期深入探讨的话题。本章在对前文主要结论和对策进行进一步讨论的基础上指出本研究的局限，并对后续研究做出展望。

7.1 主要结论

近年来，随着我国"双创"事业如火如荼地开展，企业孵化网络这一特殊的区域创新组织形式得到迅速发展，并在区域的创新经济中日趋显示出重要的作用。但正如党的十九大报告所指，目前短缺的科技资源却因不能得到合理配置而存在巨大的浪费现象，区域间科技资源配置能力也存在较大差异。因此在创新经济大背景下如何更加有效地构建区域企业孵化网络，找到科技资源配置的高效路径以更好地驱动区域可持续发展是我国孵化事业面临的重大现实问题。基于此，本书在社会网络理论、全要素生产率理论和资源依赖理论的指导下建立区域企业孵化网络科技资源配置模型和与之匹配的效率评价模型，并综合运用 MaxDEA、Ucinet、fsQCA、Python 等工具软件完成指标数据的收集和模型结果的运算，寻找到区域整体网络实现高效资源配置的有效路径。主要研究结论如下：

（1）整体网络的科技资源配置效率研究促进区域创业孵化产业长远发展

首先，只有建立在高效资源配置基础上的企业孵化网络建设才具有可持续性，因此效率评价在区域企业资源配置研究中处于基础性地位。一味地追求投入增加只会加剧创业科技资源的紧缺状况，从而阻碍创业孵化的进程。第 5 章的投入要素影子价格分析显示，我国整体上孵化器建设严重过剩，因此区域不应继续盲目进行孵化器建设，区域应结合当地科技产业发展需求与其科技资源禀赋来开展孵化器的建设活动，重视孵化器建设的质量而非数量，优化创业科技资源的配置，才可实现创新可持续发展。其次，以往对创业企业孵化的研究往往只强调产业中组织个体资源投入产出的效率而未将区域企业孵化网络视为一个整体来评价其资源配置效率，这将不利于区域孵化产业的长远发展。整体网络研究认为，一味地追求个体效益不但不能带来较快的发展，反而会降低整体网络的预期效果，因此过于注重结点个体的效率将会影响总体的资源配置效率，把省域孵化网络整体作为研究对象来评价其资源配置效率将有利于区域内部和区域间科技资源的高效配置。

（2）整体来看，经济发展水平并不是实现科技资源高效配置的决定因素

科技资源配置效率值反映的是网络整体的过程绩效而非结果绩效，与区域经济发展和区域创业孵化的现有成果没有必然联系。我国 29 个省域企业孵化网络的科技资源配置效率可分为高、中、低三档，高效率区域包括 13 个省域，其中北京和江苏近七年来整体效率是 1，做到了资源的有效配置，说明这二者不仅创业孵化产业整体取得了较高成就，同时也注重资源的合理配置，没有产生额外的资源浪费，因此具有明显的可持续发展优势。此外作为西部地区的宁夏和青海也处于高效配置区域，二者在科技资源短缺的情况下能够做到高效利用投入来进行创业孵化，虽然二者的孵化产业因规模不足而尚未产生显著的创业经济效果，但效率评价结果表明他们可以扩大规模大力发展孵化产业以取得更好的绝对效益。此外天津、福建和重庆等省市创业孵化投资总额位居全国前十，平均效率值却处于中低水平，可见一些经济发达地区

的孵化产业一方面发展势头迅猛并取得了较好的成绩，另一方面却存在极大的科技资源浪费现象。正如党的十九大报告所指，若科技资源长期呈现低效配置，将会造成资源的严重浪费而不利于当地可持续创新，甚至会对其他区域资源产生掠夺效应，造成资源配置的扭曲。因此，在未来的发展中这些地区应重新审视其资源投入，提高效率意识，进行高质量可持续的科技资源配置。

（3）按照分阶段效率值划分，我国各省域网络的效率分为四个类型

四类区域分别是：高资源获取—高成果转化区域、高资源获取—低成果转化区域、低资源获取—高成果转化区域，以及低资源获取—低成果转化区域。第一类型中的各省市区相对于其他省份，其投入产出配置相对合理，且两阶段孵化能力均衡，应保持并大力推广现有科技孵化政策，从而使有限的孵化科技资源得到合理配置，以发挥最大的孵化效果；而第四类型省域的现状则正好相反，目前存在着严重的资源浪费现象，需要首先从提升资源配置效率意识做起来提升两阶段的效率，以保证当地孵化产业得以可持续发展。此外在四个效率类型中，大部分省市区两个阶段的效率存在脱节现象，即某一阶段效率值高而另一阶段效率值较低，说明这些省域孵化资源配置能力不平衡，需要各区域进行针对性的提升。

（4）部分科技资源的冗余极度严重，需加以大力改进

在资源冗余测度方面，本书重点对 5 个初始投入和 3 个最终产山进行冗余度分析，发现投入指标中的创业导师数量和公共服务平台投资的冗余值均超过了现有投入值的三成，分别是 33.85% 和 36.16%，意味着这两项投入存在着较大程度的资源浪费，同时也说明这两项投入普遍具有巨大的改善空间。在分区域研究中发现有少量省市区的这两类投入冗余甚至超过 50%，证明这些省市区投入浪费现象严重。在产出指标中，孵化器目标收入达到了实际收入的 2 倍，意味着孵化网络的平均经济收益很差，尚存在很大的改善空间。在分区域研究中，个别省市区的收入需提升 5 倍才能达到目标收入，可见现实收入值与理想收入值存在着巨大的差异。总之，孵化收入问题是我国各区

域在孵化过程中最难以突破的瓶颈。然而，由于孵化收入的不足将会影响孵化产业下一步的投入建设和发展壮大，因此有效提升收入是每个区域迫切需要解决的重大任务。

(5) 我国区域企业孵化网络科技资源配置效率提升的瓶颈是孵化技术停滞不前

在用 Malmquist 指数进行纵向效率演化测算时，将历年 Malmquist 指数分解成技术效率变化指数和技术进步指数，发现在考察期内技术效率变化值的全国平均水平大于1，均值为100.45%，证明我国区域企业孵化网络的管理能力是整体上升的；而技术进步指数小于1，拉低了整体效率，表明孵化技术近年来未得到提升，呈整体下降的趋势。技术进步既源于市场规模的扩大，又源于技术发明和技术引进，而技术发明和技术引进一般以发明者或引进者能够获取较大收益为驱动力，因此各区域在扩大网络规模的同时，政府、孵化器协会等引导机构应在政策方面为孵化器、中介机构、金融机构等组织制定适宜的技术使用保障措施以确保技术创新的营利性，在政策的鼓励下孵化技术才能得到一定的发展。

(6) 较大的网络规模是实现高效科技资源配置的重要条件

从第6章 QCA 必要性分析结果看出，网络规模在所有条件中呈现出核心重要性。从理论上来讲，初级网络规模越大，越容易产生集聚效应，同类结点聚集可共享相同的设备和相似的服务；不同结点聚集可使组织获取优质信息变得更加方便快捷。进而两种类型结点集聚均有利于降低组织间交易成本，由此反映出网络规模越大网络整体交易成本越低。尽管随着网络的不断发展壮大，网络中结点个体间资源流通的速度和组织间亲和力将有所下降（池毛毛等，2017），庞大的规模甚至会成为网络发展的桎梏，但对于本书的研究对象而言，发展初期的网络尚未超过正向影响阈值，因此在一定的阈值范围内网络规模对网络中资源配置效率起正向影响作用。企业孵化网络的规模越大，创业企业越容易获得丰富的社会资本，科技资源的获取渠道越多，进而所获得的科技创业资源数量和种类便越多，这些科技资源为创业者获得更高质量和数量的孵化产出奠定了良好的基础。

（7）高网络密度并非所有企业孵化网络实现高效科技资源配置的必要条件

本书第6章研究结果表明，首先，具有经济优势、区位优势和创新优势的孵化网络密度不需太大，因此这些区域不需要花太多精力在网络关系构建上，这些区域应该确保维持固定少量的长期合作伙伴，实现持续性技术和设备共享，从而提高共同研发质量以提升核心竞争力；其次，其余类型的区域则对网络密度的要求较高，这些区域需要通过增加价值链分工协作互动、减少孤立结点来建立更多的组织间联系，通过高网络密度来实现高效科技资源配置效果。

（8）在具有高度创新能力且经济发达的地区，网络密度和网络中心势具有替代关系

在经济发达和全社会创新能力高的区域，高网络密度和高中心势之间存在替代关系。这也验证了一个网络理论：网络密度和中心化之间必定会此消彼长，二者交替影响着网络的功能和绩效（Provan et al.，2007）。这是因为孵化网络中主体数量增加后由于信任缺失等原因而导致主体间联系难度加大，从而网络变得不密集（Hansen，1995），因此网络不会出现中心化和密度共同增加的现象。由此，在经济发达、社会创新力高的区域，企业孵化网络发展较为成熟，企业间联结逐渐增加，在密度到达一定程度后，密度和中心势并不能同时增长，而是呈现相互替代、辅助提升资源流动和配置效率。

（9）在无区位优势且经济欠发达的区域，增加网络内结点间联系数量有助于实现资源的高效配置

在当今双创的背景下，无区位优势的不发达区域的政府已经意识到创业经济是实现区域可持续发展的基础，因此一般会制定有力的扶持政策来节约孵化器的孵化成本和金融机构的投资成本，从而交易费用得到普遍降低。充分利用网络结点资源、建立多渠道的网络连接意味着组织可通过抱团取暖来充分弥补自身资源劣势。在此类网络中，孵化网络内各组织通过高密度的共

享资源和共同学习来实现孵化能力的提升，从而达到高效的科技资源配置效果。

7.2 政策建议

企业孵化网络作为一个区域的创业辅助载体，汇聚了大量的新兴科技主导产业，肩负着支撑经济结构转型的重任，长期来说是重要的创新经济增长源。在管理实践中只有更好地把握网络中各主体的行为才能引导整个网络科技资源配置向良好高效的态势发展。为有效提升各区域企业孵化网络科技资源配置效率，本章在前 6 章分析的基础上进一步提出如下政策建议：

（1）将科技资源配置效率评价纳入孵化产业考核体系

党的十九大报告指出，在科技资源配置过程中政府要加强宏观管控以更好地发挥引导作用，不能单纯依靠市场这只"看不见的手"来完成所有经济活动。虽然市场在经济活动中起着决定性作用，但单纯的供需调节将会造成实际发生的投入少于社会的最优所需（刘玲利，2007），而当"市场失灵"时，政府的支持便成为有效的弥补手段。从企业孵化网络本身来看，网络中科技资源配置的主导者——孵化器有公益性和营利性之分，也即我国很多孵化器仍是奉行"收支两条线"的事业单位管理，效率在这些孵化器管理人员的认知中并不重要，同样在孵化产业的政绩考核中，绝对绩效的考核更受到人们的推崇。我们正处于中国特色社会主义新时期，经济转型背景下对创业活动的大量需求和实践中创业科技资源紧缺之间的矛盾将是我们面临的一对长期存在的矛盾。在此背景下，政府积极呼吁各区域建立对现有资源高效利用而非盲目跟风建设的价值观显得尤为重要。因此，在我国政治绩效影响的国情下需要政府摒弃目前"唯结果论"的绩效考核体系，制定一套公允的效率评价指标体系和评价方法，将效率考核纳入行政考核范畴，引导孵化产业各项工作将科技资源高效利用作为约束性目标，根据所处环境特征来针对性地构建孵化网络体系，按照资源配置效率评价值来合理设定投入产出结构，把握好区域创业孵化投入过程中"质"与"量"间的关系，优化科技资源配置，最终实现区域孵化产业的可持续发展。

（2）通过优惠政策构建大规模孵化生态网络

由于网络规模是现阶段资源配置效率的正向影响因素，因此政府应提供优惠的创业支持政策来吸引各类属性结点的加入，实现网络规模的扩充。政府的政策支持包括对创业企业的吸引政策和对金融机构的吸引政策。首先，政府可无偿为在孵企业提供企业管理、技术/产品培训、技术认证等基础服务；同时，通过优惠政策鼓励创业企业入驻孵化园区，共享资源以减少交易成本，实现技术和市场优势互补以增强企业之间、企业与辅助机构资源利用效率；也可以通过技术支援机制帮助孵化网络构建信贷平台以使创业者尽早走出融资困境。其次，政府需提供投资优惠引导，对金融机构和中介机构施行税收减免、信贷优惠政策，更好地发挥政府部门在创新方面的服务职能，以吸引更多的创业辅助机构加入孵化网络，鼓励和支持金融机构为新创企业进行投资，鼓励创业辅助机构以专业的知识服务在孵企业。在政府支持创业的政策推动下，区域企业孵化网络能够实现大规模的生态化发展，避免重复投资，有利于异质性资源快速流通，从而提升科技资源配置效率。当然，政府的优惠政策需要有一定的限度，因为过度的优惠将不利于创业者培养市场竞争意识，同时也容易使非政府投资的孵化器处于竞争的劣势地位，打击民间孵化器的积极性。所以政府要结合区域特点来审时度势，权变地制定优惠政策。

（3）打通空间限制以强化区域间技术交流

当前各区域创业科技资源条件、资源配置效率水平极不均衡，大部分沿海发达区域具有强大的资源配置能力而处于高效率梯度，而不少落后区域由于缺乏孵化经验和效率意识而导致资源不能实现有效利用，甚至不能满足当地经济社会发展的需要。因此，针对不同区域要制定差别化的创业扶持政策，对于效率高的发达区域应该减少经费扶持，鼓励更多民营孵化器进入市场竞争并追求经济效益和技术水平的最大化；对于效率高的不发达区域应首先增加扶持力度来鼓励其网络规模的扩建，以促进地方创业经济得到壮大；对于效率低的发达区域，主要因为创业者和辅助创业机构对效率重要性的认识不够，而观念的改变需要依靠制度来做强制引导，因此需要加强区域间合作和交流，鼓励低效区域向高效区域学习其先进的管理制度和节约的资源配置理念；对于效率低的不发达区域，导致其低效结果的原因是这些地区创业孵化起步晚、发展慢，缺乏优质的科技资源和管理理念，对此类区域要提供资金、人才、技术等倾斜化支持，改善其社会经济环境，避免其陷入低效和贫困的恶性循环。在大范围内，加强东中西互动合作是"21世纪海上丝绸之路"新的要求，只有打通区域间地理空间限制、避免区域壁垒对资源流动的束缚，强化各区域在人才、技术、信息方面的交流，以资源互补来全面增强共享效果，实现总体效率的提升。

（4）提升企业孵化网络行为主体的综合素质

企业孵化网络最主要的功能是完成对科技创业企业的孵化，而科技孵化工作离不开具有创新性和开拓性的高素质导师队伍、孵化管理者、创业投资者和专业指导者队伍。在效率评价实证中发现，我国区域企业孵化网络中普遍存在人员投入过剩的现象，本书第5章影子价格分析结果显示，科技孵化器中孵化机构管理人员数与导师数和区域科技资源总体配置效率有着显著的关系，区域普遍存在着管理人员和导师数量冗余的问题，冗余的投入必然伴随着低下的人员素质和服务能力。一些区域人员投入冗余达实际值的30%以上，充分说明我国目前的孵化产业在人员投入上呈现"高量低质"的特征。中国创业者在创业的过程中常常会感受到财务、运营、法律等知识的力不从心，因此需要大量的创业导师和咨询人员来帮助他们走出迷茫。然而目前受中国发展阶段的影响，很多地区特别是经济不发达区域，其内部的孵化器和咨询机构中却缺乏具有先进的管理经验和创业经验的人才。因此在目前的科技资源配置过程中，区域需要解决的最首要和最现实的问题是有效提升孵化网络中各类人力资源的素质，从而做到以优质的孵化服务来帮助创业企业提升核心竞争力。

提升人才战略的主要途径有三条：一是培养锻炼区域现有人才。区域孵化器协会承担着连接孵化机构并辅助其发展的重任，因此企业孵化网络应通过孵化器协会等平台定期举办创业知识大赛、孵化辅助技能比武等活动，也要常常开展专业培训和增加到标杆区域进行交流的机会，通过不断交流、学习来提升孵化网络中管理者和导师的素质。二是引进高级管理者及导师。区域企业孵化网络是一个开放的系统，在不断地吸收大学或科研机构、创投机构、中介机构等组织到网络的同时，孵化器也可挖掘或吸引各群体中优秀人才参与到孵化网络内部，作为孵化器管理人员或创业导师，也可通过有力的人才引进策略聘请高效资源配置区域的高素质管理人员或者导师，以最快捷有效的方式改善本区域的人员素质水平。三是完善区域人力资源管理制度。长期来看，具有有效激励和惩罚作用的科学的管理制度是最具可持续性作用的科学管理方式，因此孵化网络中各结点机构应在政府、孵化器协会等机构的牵头下制定科学合理的人才激励措施以形成对人才的长效机制，持续地激发人员活力。

（5）严格制定孵化器建设及入孵企业分级孵化制度

首先，在孵化器建设方面，地区避免进行孵化器盲目建设以扩充数量，政府对孵化器的审批要以市场为导向，结合"加快发展、完善服务、吸纳投入、创造范围"的基本方针来进行。具体来讲，要结合当地优势产业来培育当地科技企业，以促进高新技术产业的快速形成和培育支柱产业为目标来审批和建立满足创业者需求、服务功能健全和管理规范的科技企业孵化器，真正做到为创业企业提供科技信息服务、企业创业服务、科技人才服务和科技成果转化服务。效率较低的区域要充分借鉴高效率区域的成功经验，依托政府科技政策，吸引科技基金、大型企业和民间资金共同投资运营，建立"创业苗圃+孵化器+加速器"，并提升孵化器的建设标准，提升场地使用率，配备科学合理的软件服务，为初创企业搭建适应市场和创业需求、服务功能健全和管理规范的综合性服务平台。其次，在创业企业入驻孵化器方面，对企业前期入孵门槛过低或者过高都将影响整个孵化资源的利用效率。过低的筛选标准将会造成对孵化器和其他辅助机构的科技创新资源的不必要性浪费，而过高的标准则将降低孵化器的多样化和规模经济，不利于形成成熟活跃的创新氛围。因此，分级孵化可作为一些孵化机构的首选：对于创业计划尚不完整的团队，孵化器与其进行深入和广泛的讨论来帮其完成创业的可行性分析并形成详细的创业方案后安排入驻；对于入驻规模达到一定水平的团队，孵化器根据团队需求安排导师并为其寻找融资机构和产品研发、生产和销售渠道；对于创业计划不可行或团队建设失败的创业项目，孵化器不予提供孵化服务。

（6）打破地域性观念推进孵化科技资源的高效配置

不同于西方的孵化市场，我国企业孵化器的规划与建设很大一部分来自政府的组织和投资，表明投入的差异化与各地政府的预算管理有很大关系。地方预算往往受益于地方经济发展水平和地方政府对创业经济的认知程度，因此从短期来讲，孵化科技资源的投入与地方经济发展水平有着显著的正向影响关系。然而从长期来看，在市场调节的作用下，网络资源投入的配置比例会自动平衡。因此地区经济发展水平低下不能作为区域创业孵化科技资源配置效率低的借口，发达区域与欠发达区域对孵化资源的限制只是短期内影响资源投入数量的一个因素。另外当一些地区达到一定规模时，投入的无限扩大最终会使边际成本递增也即规模报酬递减，从这一角度来讲，单纯的财政投入增加只会带来政府预算的负担而不一定带来区域孵化产出的同比例增加。因此，从投入产出效率的角度来看，资源配置高效化与地域优势并无必然联系。第5章评价结果显示，一些中西部地区的科技资源配置效率在近年来高于一些东部发达地区，这些地区是我国科技孵化事业的生力军，在目前低投入的基础上按照科学配比来适当提升投入数量的同时引进先进孵化理念和提升孵化技术，必将实现孵化效率的进一步上升。需注意的是，虽然我国一些地区孵化网络的科技资源配置效率在逐年提升，但整体上效率呈下降趋势，一些区域的技术进步指数降幅较大是导致资源配置效率下降的主要原因。

（7）政府为区域创造孵化科技资源要素充分流动的条件

在市场经济大背景下，资源配置的过程就是"理性经济人"在自由竞争和资源选择的市场下获取自身所需资源并实现效益最大化的过程。在我国现阶段，很多孵化器作为一种准公共产品，其存在宗旨是为了利用自身信息优势和地位优势来辅助创业者获取所需资源以实现区域科技新创产业的可持续发展，因此很多孵化器本身并不需遵循市场调节规律。早期的政府决策会为了尽快满足短期集中化的创业需求而放弃长期效益，这样的结果便是各区域偏远地区的孵化科技资源投入远不及中心城市，从而非中心城市创业者的创业需求无法得到满足或者导致其付出高昂的创业成本。随着孵化产业的不断推进，孵化服务建设并未产生政策性偏好倾斜，非中心城市创业创新成本较大，获得同等孵化辅助的机会较低，区域内部及区域间基本孵化服务差异化很大。区域内部巨大的差异化体现在同一区域不平衡的网络构成：本书第6章通过整体网络数据收集而构建的孵化网络结构图能够体现出目前我国孵化投入状况，非中心区域的孵化器及辅助机构建设远不及中心区域。另外，区域间巨大的差异化体现在不同省域近年来对资源的投入上，青海、宁夏、内蒙古、山西、甘肃、黑龙江等省市区从 2010 年到 2016 年的孵化公共服务投资总额一直以来偏低，而投资总额处于较高水平的省市区则一直为北京、广东、江苏、湖南、浙江和陕西。可见，上述地区在孵化科技资源投入上无法逾越区域社会福利的鸿沟，资源流动性差。因此，及时转变政府职能，提升落后地区孵化科技工作者的待遇水平和创业者的福利水平，促使人员自由流动才能更好地吸引资金、设备，实现资源的有效配置，进一步实现地区之间和地区内部孵化产业的高效资源配置和可持续发展。

7.3　研究局限与未来展望

从区域企业孵化网络科技资源配置模型及效率评价、区域间效率差异影响出发分别进行了深入讨论并取得了一些成果，但仍有一些不足之处需要在后续的研究中加以改进，本书的研究局限及进一步的研究展望如下：

（1）效率评价模型的不足及修正

本书在效率模型选取上使用了基于松弛变量的动态网络 SBM 模型，由于 SBM 模型是一种非径向效率评价模型，其无效率的程度一般用各投入变量的可缩减比例或产出的可增加比例进行测量，故在效率改进的操作中因更符合现实情况而具有较高的针对性，突破了一般径向模型中将所有投入或产出变量进行等比例增减来衡量效率无效性以导致操作性差的不足。但 SBM 存在一定的局限性：其目标函数是效率值最小化（即使投入和产出的无效最大化）。从生产距离函数角度来讲，被测单元的投影点为生产前沿面上距离被测单元最远的点，因此可以说 SBM 模型为"至前沿最远距离的 DEA 模型"，这将导致其改进值比一般模型大。而在评价及改进过程中，由于被测单元希望以最短的路径达到前沿，可见该模型的测算原理与被评价者目标相悖。因此，在实际评价中 SBM 的目标将较难实现，这将导致被测单元达到目标的积极性受挫，不利于整体效率提升的同时也降低了开展效率评价的现实意义。因此在后续研究中作者将针对此问题对模型进行改进，从距离函数中被测单元投影点出发，选择到达目标最近的距离进行效率测度，改进效率算法以弥补上述不足。

（2）企业孵化网络整体效率的微观行为影响机理分析需进一步展开

本书基于中国大陆省级数据分析了我国自 2008 年来各省域企业孵化网络科技资源配置状况，针对各省市区在国家大孵化网络背景的宏观网络结构特征及网络所处的发展环境来讨论孵化网络整体效率差异的影响机理。近年来，社会网络理论研究表明，微观个体对网络绩效也会产生深刻影响，由此可知在科技资源配置效率的差异中微观个体间的相互作用及网络惯例也发挥了一定作用。作者在后续的研究中将在前文研究的基础上收集省域微观数据以期进一步打开区域企业孵化网络的内部作用黑箱。另外，作者在研究中发现，资源型区域与沿海省域的企业孵化网络在资源配置效率方面有着巨大的差异，而根据前人研究理论可知，资源型区域的人文、经济历史对当地社会民众创新创业的理念及区域各方面发展有着较大的影响，因此从各省域社会资源禀赋特点出发捕捉孵化网络科技资源配置效率因素并分析其微观作用机理将是未来创业孵化研究的一个重要方向，将帮助资源型区域识别创新影响要素以尽早提升网络对创新企业的孵化能力，使创业经济更加高效地运转，推动区域创新经济的持续发展。

（3）科技资源配置效率的网络结构影响因素研究需进一步深入

本书在网络机构特征要素选择上选取了网络规模、网络密度和网络中心势，尚未将网络强度考虑在内。而正如 Grannovetter 所述，网络连接的强度影响着网络的经济互动，进而影响着技术和财务信息的共享程度，网络个体通过强大的网络连接建立起彼此的信任关系。但由于研究者在网络关系强度的数据收集过程中将会遇到极大的困难（Provan et al.，2007），因此本书暂未将其考虑在内。但鉴于其重要性，这也是未来整体网络研究的一个重点。后续的研究可侧重于区域内部关系强度的实证调研，识别哪些主体之间应保持强关系、哪些主体之间应保持弱关系，进一步为创业孵化实践者提供效率提升的微观指导意见。

（4）网络结构特征实证的局限性

从第 6 章的实证中看出，很多区域的网络密度和网络中心势同时处于较高的状态，而根据社会网络理论，网络中心势在网络密度逐渐增大的过程中变得越来越小，也即网络密度和网络中心势呈倒 U 形关系（Provan et al.，2007）。本书的高效率科技资源配置路径中出现两者同时较大的原因是，我

国目前的企业孵化网络尚处于成长阶段，各网络密度值均处于极小的区间
（密度值除两个省域外均处于 0.1 以下），因此尚处于倒 U 形的上升阶段。当
我国企业孵化网络逐渐得到发展壮大时，资源高效配置的模型可能会发生改
变。因此，本书的结果只限于目前孵化网络的初级阶段，当网络得到进一步
发展时此结果将不再具有普适性。后续的研究可对区域整体网络的发展进行
持续跟踪，继续寻找具有可持续性的高效科技资源配置模式。

综上，区域企业孵化网络是整体网络层面的研究，该领域的文献远不如
个体中心网络和组织层面广泛，在企业网络研究中仍是一个尚未得到解决的
重要领域。本书为科技资源配置效率的提升做出了一定的理论贡献。鉴于这
个领域对我国创业孵化的发展具有重要意义，因此值得学者在未来研究中做
出深入持续的跟进。

附 录

附录 1 各省域企业孵化网络图

作者通过 Ucinet 6 软件中 Netdraw 插件将收集的各省域孵化网络结点和连接数据进行整理，绘制出 29 个省级区域的企业孵化网络结构图。图中结点代表区域内部参与孵化的组织个体，连线为区域内部组织间存在的联系，为更好地观察结点特征，图中以各结点的中心度确定结点大小。结点不同的形状代表其企业在价值链中所承担的环节类型。孵化器：up triangle；在孵企业：diamond；创投机构：circle；合作企业：box；政府：plus；中介：thing；合作孵化器：down trianglc。基于图像清晰性并突山网络结构，图中略去结点信息名称，呈现网络结构整体全貌。29 个孵化网络如附图所示：

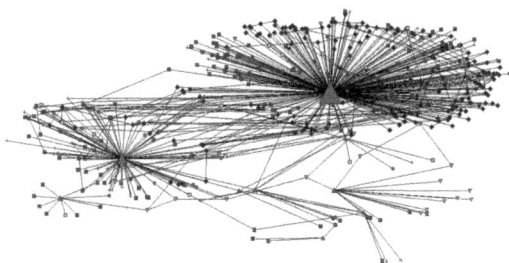

附图 1 安徽省企业孵化网络图（1210ties，451nodes）

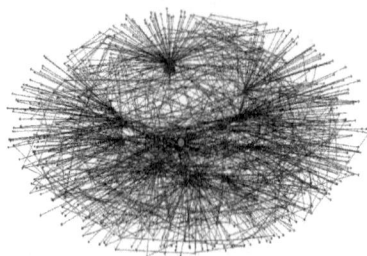

附图 2　北京市企业孵化网络图（2962ties，735nodes）

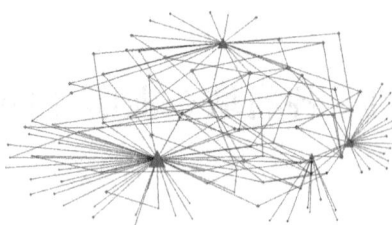

附图 3　四川省企业孵化网络图（344ties，108nodes）

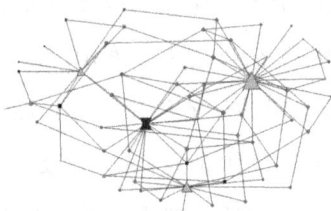

附图 4　福建省企业孵化网络图（230ties，60nodes）

附图 5　甘肃省企业孵化网络图（176ties，40nodes）

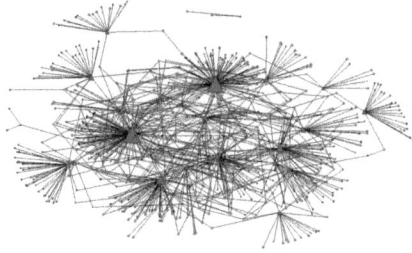

附图 6　广东省企业孵化网络图（1944ties，728nodes）

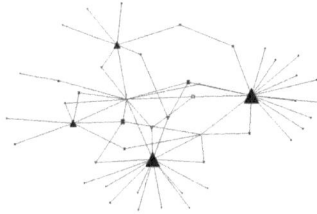

附图 7　广西壮族自治区企业孵化网络图（128ties，48nodes）

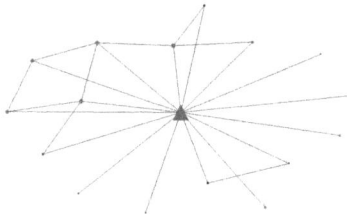

附图 8　贵州省企业孵化网络图（50ties，17nodes）

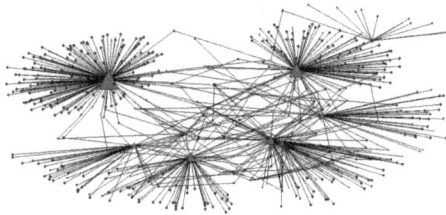

附图 9　河北省企业孵化网络图（1242ties，506nodes）

附图 10　河南省企业孵化网络图（734ties，264nodes）

附图 11　黑龙江省企业孵化网络图（128ties，48nodes）

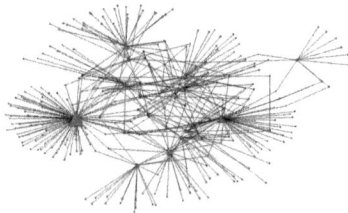

附图 12　湖北省企业孵化网络图（796ties，266nodes）

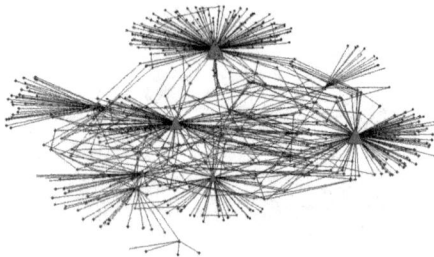

附图 13　湖南省企业孵化网络图（1528ties，536nodes）

附图 14　江苏省企业孵化网络图（2386ties，915nodes）

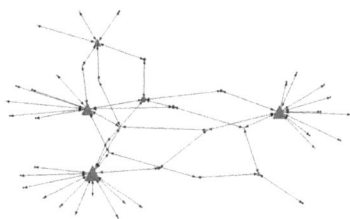

附图 15　江西省企业孵化网络图（102ties，47nodes）

附图 16　内蒙古自治区企业孵化网络图（70ties，28nodes）

附图 17　宁夏回族自治区企业孵化网络图（92ties，29nodes）

附图 18　青海省企业孵化网络图（242ties，80nodes）

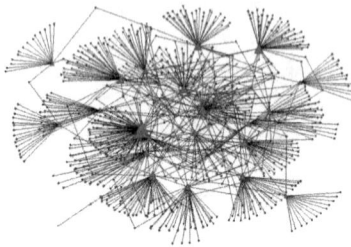

附图 19　山东省企业孵化网络图（1784ties，707nodes）

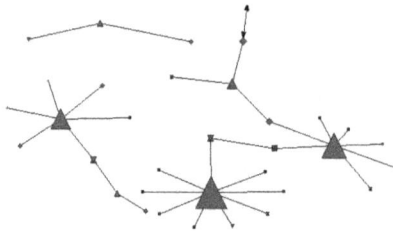

附图 20　山西省企业孵化网络图（62ties，34nodes）

附图 21　陕西省企业孵化网络图（408ties，103nodes）

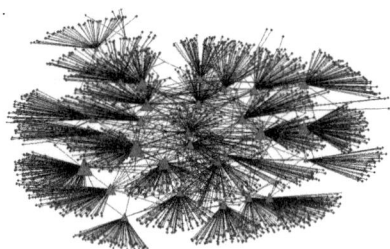

附图 22　上海市企业孵化网络图（6030ties，2751nodes）

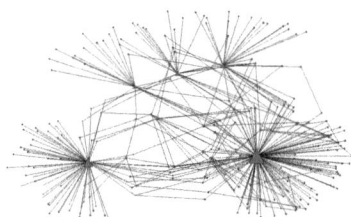

附图 23　天津市企业孵化网络图（762ties，267nodes）

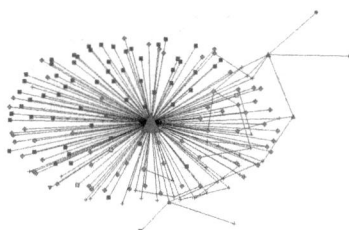

附图 24　辽宁省企业孵化网络图（378ties，169nodes）

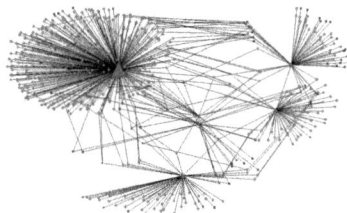

附图 25　新疆维吾尔自治区企业孵化网络图（1288ties，544nodes）

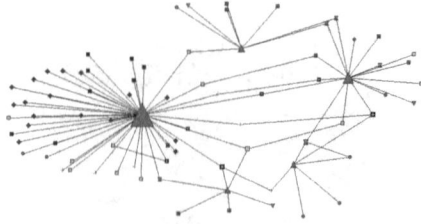

附图 26　云南省企业孵化网络图（180ties，79nodes）

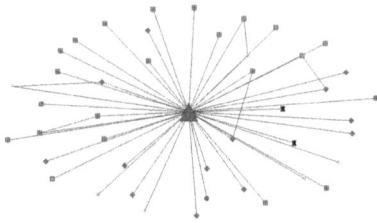

附图 27　吉林省企业孵化网络图（480ties，210nodes）

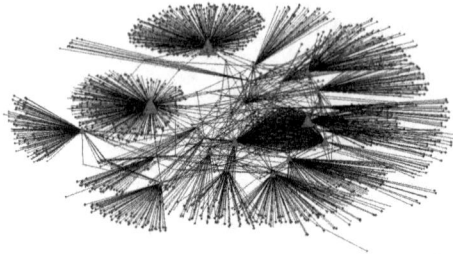

附图 28　浙江省企业孵化网络图（4742ties，1899nodes）

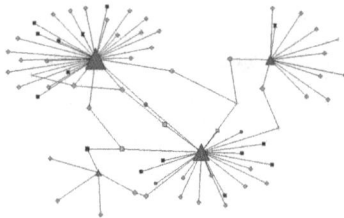

附图 29　重庆市企业孵化网络图（160ties，74nodes）

附录 2　DEA 测算结果表

附表 1　分省份区域企业孵化网络年度总效率值

序号	省市区	2010 年	2011 年	2012 年	2013 年	2014 年	2015 年	2016 年
1	安徽	1	0.461	0.353	0.315	0.583	0.350	0.340
2	北京	1	1	1	1	1	1	1
3	福建	0.336	0.418	0.512	0.380	1	0.528	0.523
4	甘肃	0.132	0.118	0.329	1	0.305	1	0.239
5	广东	0.549	1	0.623	1	1	1	1
6	广西	0.281	0.124	0.355	0.273	0.454	0.256	0.163
7	贵州	0.102	0.139	1	0.466	0.517	1	1
8	河北	0.412	1	0.268	0.269	0.409	0.240	0.296
9	河南	0.518	1	1	1	1	1	1
10	黑龙江	0.121	0.474	0.576	0.371	0.429	0.243	0.304
11	湖北	0.776	1	0.619	0.892	0.687	0.699	0.718
12	湖南	1	1	0.690	1	0.647	0.490	0.652
13	吉林	0.334	0.505	1	0.298	1	0.674	0.290
14	江苏	1	1	1	1	1	1	1
15	江西	1	0.207	1	0.446	0.463	0.278	1
16	辽宁	1	0.387	0.344	0.384	0.327	0.492	0.483
17	内蒙古	1	1	1	1	1	0.359	0.167
18	宁夏	0.184	1	1	1	1	1	1
19	青海	0.8	0.8	0.8	0.8	0.213	0.8	0.845
20	山东	1	0.620	1	0.567	1	1	0.465
21	山西	0.384	0.574	0.699	0.418	0.415	0.472	0.383
22	陕西	1	0.632	0.820	0.304	0.792	0.699	0.797
23	上海	0.628	0.835	0.679	0.866	1	0.744	0.743
24	四川	1	0.331	0.349	0.507	0.719	0.529	0.454

续表

序号	省市区	2010 年	2011 年	2012 年	2013 年	2014 年	2015 年	2016 年
25	天津	0.440	0.541	1	1	0.642	0.413	0.386
26	新疆	1	1	0.285	0.328	0.419	1	0.279
27	云南	0.341	0.32136	0.375	0.377	0.387	0.798	0.203
28	浙江	1	1	1	1	0.580	0.715	0.625
29	重庆	0.380	1	0.225	0.333	0.335	0.289	0.497
	平均值	0.645	0.672	0.686	0.641	0.666	0.658	0.581

资料来源：作者经 MaxDEA Pro6.6 计算而得。

附表 2　DEA 测算各省域网络 2016 年投入产出影子价格

单位：10^{-3}

省市区	Score	孵化器数量	孵化器管理机构人数	创业导师数	公共服务平台投资总额	场地面积	在孵企业人员数	孵化器总收入	当年毕业企业数
安徽	0.34	−11.765	−0.7299	−0.8929	−0.0094	−0.0008	0.0050	0.0009	10.3315
北京	1	−5.882	−0.2141	−0.3268	−0.0003	−0.0024	0.0106	0.0003	3.8497
福建	0.523	−22.222	−0.9050	−2.1277	−0.0015	−0.0004	0.0230	0.0006	2.1656
甘肃	0.239	−606.649	−2.8169	−11.1111	−0.0148	−0.0092	0.1497	0.0026	1.5601
广东	1	−4.651	−0.2663	−0.3497	−0.0003	−0.0001	0.0032	0.0002	0.6511
广西	0.163	−28.571	−1.5385	−2.3256	−0.0013	−0.0004	0.0288	0.0006	2.5680
贵州	1	−100.000	−18.9931	−7.4074	−0.0095	−0.0090	0.0445	0.0032	6.6667
河北	0.296	−15.385	−0.6270	−1.8182	−0.0015	−0.0003	0.0246	0.0008	0.7138
河南	1	−10.526	−0.5208	−1.1111	−0.0044	−0.0001	0.0199	0.0010	1.1494
黑龙江	0.304	−18.182	−0.7813	−1.9418	−0.0021	−0.0007	0.0114	0.0006	4.2770
湖北	0.518	−6.897	−0.3650	−0.4515	−0.0020	−0.0001	0.0073	0.0004	1.7253
湖南	0.452	−22.828	−0.5525	−1.6719	−0.0003	−0.0002	0.0198	0.0005	0.8092
吉林	0.29	−14.286	−0.6192	−1.0870	−0.0005	−0.0003	0.0170	0.0005	0.7113
江苏	1	−1.754	−0.0951	−0.5596	−0.0001	0.0000	0.0015	0.0001	0.7683
江西	1	−257.836	−11.1865	−2.9412	−0.0047	−0.0046	0.2462	0.0027	7.5292
辽宁	0.483	−7.407	−0.3200	−0.7634	−0.0047	−0.0002	0.0087	0.0006	4.0823
内蒙古	0.167	−33.333	−1.4286	−2.0619	−0.0016	−0.0005	0.0293	0.0006	2.7112
宁夏	1	−100.000	−195.5810	−11.7647	−0.0138	−0.0202	0.1193	0.0109	12.8205

续表

省市区	Score	孵化器数量	孵化器管理机构人数	创业导师数	公共服务平台投资总额	场地面积	在孵企业人员数	孵化器总收入	当年毕业企业数
青海	1	-66.667	-2.0619	-1.2346	-0.5871	-0.0009	0.3571	0.0069	8.1301
山东	0.465	-3.704	-0.1938	-0.2861	-0.0002	-0.0001	0.0017	0.0003	1.1100
山西	0.383	-28.571	-1.3158	-7.4151	-0.0017	-0.0006	0.0104	0.0008	8.6783
陕西	0.497	-9.524	-0.4464	-0.6780	-0.0004	-0.0003	0.0100	0.0003	0.9000
上海	0.643	-7.143	-0.3552	-1.0000	-0.0006	-0.0003	0.0098	0.0003	0.9871
四川	0.454	-10.526	-0.5510	-0.9390	-0.0004	-0.0003	0.0140	0.0005	0.6329
天津	0.386	-6.667	-0.4405	-0.4228	-0.0007	-0.0004	0.0131	0.0005	0.4526
新疆	0.279	-50.000	-2.5641	-1.4493	-0.0059	-0.0088	0.0704	0.0015	2.0680
云南	0.203	-22.222	-1.0526	-1.1834	-0.0030	-0.0006	0.0055	0.0007	5.4753
浙江	0.625	-4.545	-0.2946	-0.3676	-0.0014	-0.0001	0.0030	0.0003	1.5673
重庆	0.497	-22.222	-1.1364	-1.6129	-0.0012	-0.0149	0.0110	0.0012	25.2590
均值	0.559	-51.723	-8.5501	-2.3208	-0.0233	-0.0026	0.0440	0.0014	4.1500

资料来源：作者经 MaxDEA Pro6.6 计算而得。

附表3 资源获取阶段各时间段全要素生产率指数

单位：%

省市区	Malmquist 指数（MI）						
	2010~2011 年	2011~2012 年	2012~2013 年	2013~2014 年	2014~2015 年	2015~2016 年	平均
安徽	76.61	35.38	77.33	155.40	69.59	53.44	70.34
北京	128.25	61.56	103.28	198.71	50.48	141.06	102.41
福建	81.86	146.45	73.20	166.52	94.81	45.52	92.61
甘肃	88.59	64.16	70.43	55.53	257.15	70.97	86.04
广东	122.35	106.00	94.23	147.86	83.20	84.35	104.04
广西	109.68	45.52	81.88	102.68	92.99	72.06	80.94
贵州	161.54	103.41	84.86	60.33	125.05	77.84	96.99
河北	209.18	23.05	79.74	135.76	77.92	72.11	81.51
河南	211.77	93.82	71.50	101.18	32.11	73.53	83.52
黑龙江	238.00	35.05	88.31	94.62	112.33	92.35	94.74
湖北	141.93	43.83	108.58	151.56	86.07	58.01	89.42

省市区	Malmquist 指数（MI）						
	2010~2011 年	2011~2012 年	2012~2013 年	2013~2014 年	2014~2015 年	2015~2016 年	平均
湖南	81.89	71.28	134.53	92.30	78.39	71.53	86.07
吉林	98.90	369.88	39.50	179.30	18.21	89.79	86.66
江苏	122.28	95.38	125.77	132.66	66.73	81.23	100.89
江西	38.80	95.09	89.29	63.29	81.44	213.92	84.47
辽宁	71.04	21.98	107.78	78.26	96.78	95.72	70.43
内蒙古	56.28	67.43	74.40	215.16	38.59	62.84	72.67
宁夏	24.22	132.08	275.19	288.44	16.91	45.58	76.20
青海	114.94	67.56	102.45	82.96	251.87	43.36	94.69
山东	58.25	135.22	131.42	241.92	62.82	86.17	105.20
山西	234.89	29.90	224.99	43.77	52.66	59.50	77.50
陕西	101.03	79.14	155.48	119.72	123.17	78.01	106.14
上海	130.12	68.00	143.42	137.88	62.80	106.67	102.68
四川	52.19	45.37	117.45	124.27	111.45	47.17	75.26
天津	86.69	107.08	105.04	79.52	87.71	51.60	83.99
新疆	88.54	45.87	291.08	187.58	47.87	70.63	95.31
云南	406.54	44.55	105.14	77.81	132.99	24.99	88.87
浙江	163.32	77.67	98.21	138.83	103.77	87.87	107.89
重庆	135.75	32.29	114.43	66.09	101.98	84.41	81.14

资料来源：作者经 MaxDEA Pro6.6 计算而得。

附表4　资源获取阶段各时间段技术效率变化指数

单位：%

省市区	技术效率变化指数（EC）						
	2010~2011 年	2011~2012 年	2012~2013 年	2013~2014 年	2014~2015 年	2015~2016 年	平均
安徽	100.34	66.40	63.52	194.46	89.16	76.79	90.88
北京	100.00	100.00	100.00	100.00	100.00	100.00	100.00
福建	150.05	140.29	69.95	164.60	113.71	84.63	115.16
甘肃	118.40	136.24	76.23	21.60	463.05	100.00	103.50
广东	97.94	144.60	89.16	100.00	100.00	100.00	103.96
广西	122.35	89.07	63.73	63.89	174.44	76.92	91.72

续表

省市区	技术效率变化指数（EC）						
	2010~2011 年	2011~2012 年	2012~2013 年	2013~2014 年	2014~2015 年	2015~2016 年	平均
贵州	99.02	100.99	89.78	60.07	185.41	100.00	100.00
河北	593.66	43.77	72.32	81.23	130.04	82.13	108.49
河南	232.14	100.00	100.00	100.00	100.00	100.00	115.07
黑龙江	261.14	69.18	72.03	127.14	158.05	102.53	117.86
湖北	119.73	78.36	94.59	87.46	164.53	81.08	100.58
湖南	100.00	84.03	185.07	79.91	99.68	94.59	102.68
吉林	144.00	283.62	37.41	267.31	21.63	97.05	97.47
江苏	100.00	100.00	100.00	100.00	100.00	100.00	100.00
江西	19.96	201.05	47.10	48.49	137.82	317.70	85.88
辽宁	73.58	46.22	152.39	37.81	179.00	144.80	89.32
内蒙古	100.00	100.00	100.00	100.00	51.84	76.35	85.69
宁夏	100.00	100.00	100.00	100.00	100.00	100.00	100.00
青海	100.00	100.00	100.00	67.48	572.13	100.00	125.25
山东	62.01	161.27	83.47	230.07	100.00	76.49	106.62
山西	332.36	41.59	158.88	43.04	95.22	53.71	88.59
陕西	71.68	94.32	175.69	79.59	143.65	82.54	101.92
上海	136.82	80.79	149.19	98.94	98.60	100.76	108.38
四川	101.02	60.05	100.83	90.16	181.02	60.44	91.92
天津	149.56	146.88	100.00	77.05	124.25	61.20	104.30
新疆	92.11	80.03	183.11	238.96	132.49	55.60	115.51
云南	578.87	80.72	84.55	112.87	158.60	36.37	117.06
浙江	100.00	100.00	100.00	69.81	260.64	82.80	107.07
重庆	192.84	46.15	80.77	83.70	133.59	98.19	96.13

资料来源：作者经 MaxDEA Pro6.6 计算而得。

附表5 资源获取阶段各时间段技术进步指数

单位：%

省市区	技术进步指数（TC）						
	2010~2011年	2011~2012年	2012~2013年	2013~2014年	2014~2015年	2015~2016年	平均
安徽	76.35	53.29	121.76	79.91	78.05	69.59	77.40
北京	128.25	61.56	103.28	198.71	50.48	141.06	102.41
福建	54.56	104.40	104.66	101.17	83.38	53.78	80.42
甘肃	74.82	47.10	92.40	257.13	55.53	70.97	83.13
广东	124.92	73.31	105.69	147.86	83.20	84.35	100.07
广西	89.65	51.10	128.48	160.71	53.31	93.68	88.25
贵州	163.13	102.40	94.52	100.42	67.45	77.84	96.99
河北	35.24	52.65	110.26	167.13	59.92	87.80	75.13
河南	91.23	93.82	71.50	101.18	32.11	73.53	72.58
黑龙江	91.14	50.66	122.60	74.43	71.08	90.07	80.38
湖北	118.54	55.94	114.79	173.28	52.31	71.54	88.90
湖南	81.89	84.82	72.69	115.50	78.65	75.62	83.82
吉林	68.68	130.41	105.58	67.08	84.17	92.52	88.91
江苏	122.28	95.38	125.77	132.66	66.73	81.23	100.89
江西	194.40	47.29	189.59	130.52	59.09	67.33	98.35
辽宁	96.55	47.55	70.73	207.01	54.07	66.10	78.85
内蒙古	56.28	67.43	74.40	215.16	74.43	82.31	84.81
宁夏	24.22	132.08	275.19	288.44	16.91	45.58	76.20
青海	114.94	67.56	102.45	122.95	44.02	43.36	75.60
山东	93.94	83.85	157.45	105.15	62.82	112.66	98.67
山西	70.67	71.91	141.61	101.68	55.31	110.79	87.49
陕西	140.94	83.91	88.50	150.43	85.75	94.51	104.14
上海	95.10	84.17	96.13	139.36	63.69	105.86	94.74
四川	51.66	75.55	116.49	137.83	61.57	78.04	81.87
天津	57.96	72.90	105.04	103.21	70.59	84.32	80.53
新疆	96.12	57.32	158.97	78.50	36.13	127.03	82.51
云南	70.23	55.20	124.34	68.93	83.85	68.71	75.92
浙江	163.32	77.67	98.21	198.85	39.82	106.12	100.76
重庆	70.40	69.97	141.67	78.96	76.34	85.97	84.41

资料来源：作者经 MaxDEA Pro6.6 计算而得。

附表6　成果转化阶段各时间段全要素生产率指数

单位：%

省市区	Malmquist 指数（MI）						
	2010~2011 年	2011~2012 年	2012~2013 年	2013~2014 年	2014~2015 年	2015~2016 年	平均
安徽	59.03	97.06	100.99	87.65	75.25	213.42	96.64
北京	247.60	99.51	98.28	79.73	76.57	95.80	105.97
福建	105.90	83.55	72.72	117.30	141.07	110.70	102.78
甘肃	43.57	276.64	299.47	38.47	66.62	23.35	77.46
广东	85.64	66.94	190.75	81.74	157.06	137.18	111.54
广西	304.90	164.89	98.05	65.08	44.66	38.00	90.36
贵州	184.01	300.73	65.39	97.62	91.84	36.18	102.71
河北	87.32	66.47	102.10	92.77	68.14	167.82	92.55
河南	93.58	122.31	96.69	108.36	112.78	129.73	109.82
黑龙江	106.15	152.89	70.62	79.22	51.42	157.31	94.99
湖北	90.47	77.32	92.63	70.41	155.71	227.40	108.32
湖南	73.93	251.87	67.71	71.67	83.64	185.16	105.76
吉林	56.65	58.09	68.56	125.81	468.47	37.78	89.16
江苏	78.36	100.43	74.38	73.46	115.02	127.09	92.55
江西	60.77	105.56	75.15	164.36	91.21	50.11	84.43
辽宁	48.60	179.90	71.88	111.71	221.32	91.22	105.98
内蒙古	101.21	111.97	103.04	46.90	109.34	113.62	93.78
宁夏	197.53	54.76	55.25	56.71	65.57	154.61	83.69
青海	80.03	87.96	78.68	89.68	70.34	77.67	80.46
山东	70.57	116.41	66.71	82.01	157.24	132.44	98.90
山西	39.89	165.13	33.00	155.56	194.75	127.32	97.11
陕西	39.88	463.19	42.50	140.44	45.93	152.44	95.78
上海	103.05	145.51	78.33	83.30	215.99	95.91	112.50
四川	35.32	155.53	106.37	130.02	57.21	125.75	90.42
天津	74.53	158.10	69.36	157.17	57.45	264.45	111.79
新疆	99.82	125.51	55.19	42.65	77.13	152.66	83.83
云南	30.03	133.79	103.84	80.75	145.04	111.31	90.35
浙江	65.89	84.60	93.90	171.27	145.84	133.54	109.73
重庆	120.32	48.57	122.90	109.69	190.74	189.01	119.00

资料来源：作者经 MaxDEA Pro6.6 计算而得。

附表7 成果转化阶段各时间段技术效率变化指数

单位：%

省市区	技术效率变化指数（EC）						
	2010～2011 年	2011～2012 年	2012～2013 年	2013～2014 年	2014～2015 年	2015～2016 年	平均
安徽	65.95	115.46	140.15	95.24	67.45	170.69	102.65
北京	100.00	100.00	100.00	100.00	100.00	100.00	100.00
福建	82.82	87.36	106.01	160.06	76.40	117.05	101.57
甘肃	57.87	104.81	199.23	141.06	70.89	63.87	95.78
广东	186.12	43.11	231.98	100.00	100.00	100.00	110.91
广西	66.06	121.54	120.58	160.30	62.40	82.80	96.38
贵州	43.99	214.92	71.85	185.01	104.25	100.00	104.60
河北	50.92	61.29	138.75	186.88	65.20	149.80	96.15
河南	93.16	100.00	100.00	104.00	105.00	100.00	100.29
黑龙江	150.44	175.80	89.35	91.02	35.79	122.30	99.00
湖北	144.91	53.46	174.69	101.24	62.26	170.20	106.41
湖南	100.00	90.73	110.22	89.57	75.02	164.74	101.71
吉林	104.82	69.85	79.74	125.40	311.44	44.39	100.20
江苏	100.00	100.00	100.00	100.00	100.00	100.00	100.00
江西	103.65	96.48	94.70	214.08	43.64	113.02	100.00
辽宁	72.64	192.01	73.32	224.94	84.22	67.71	104.63
内蒙古	100.00	100.00	100.00	100.00	87.23	86.11	95.34
宁夏	100.00	100.00	100.00	100.00	100.00	100.00	100.00
青海	100.00	100.00	100.00	122.09	81.91	100.00	100.00
山东	100.00	100.00	130.53	76.61	100.00	100.01	100.00
山西	43.21	292.86	37.57	230.72	119.63	151.14	112.09
陕西	66.29	198.10	65.54	176.53	58.65	159.34	106.02
上海	87.80	112.96	88.67	131.91	85.35	108.98	101.27
四川	32.81	175.27	144.15	157.21	40.67	141.91	95.36
天津	82.10	125.92	100.00	173.15	51.79	226.70	113.18
新疆	75.44	150.29	79.65	73.46	68.66	182.08	96.93
云南	46.29	144.58	118.94	90.91	130.00	79.85	95.35
浙江	100.00	100.00	100.00	194.40	77.32	105.53	107.99
重庆	136.49	48.67	183.70	187.45	64.59	174.96	117.15

资料来源：作者经 MaxDEA Pro6.6 计算而得。

附表 8　成果转化阶段各时间段技术进步指数

单位：%

省市区	技术进步指数（TC）						
	2010~2011 年	2011~2012 年	2012~2013 年	2013~2014 年	2014~2015 年	2015~2016 年	平均
安徽	89.51	84.06	72.06	92.03	111.56	125.03	94.14
北京	247.60	99.51	98.28	79.73	76.57	95.80	105.97
福建	127.87	95.64	68.60	73.29	184.64	94.58	101.19
甘肃	75.29	263.94	150.31	27.27	93.98	36.56	80.88
广东	46.01	155.29	82.23	81.74	157.06	137.18	100.57
广西	461.54	135.67	81.32	40.60	71.58	45.89	93.75
贵州	418.33	139.93	91.01	52.77	88.10	36.18	98.19
河北	171.49	108.44	73.59	49.64	104.52	112.03	96.26
河南	100.45	122.31	96.69	104.20	107.41	129.73	109.51
黑龙江	70.56	86.97	79.04	87.04	143.67	128.63	95.95
湖北	62.43	144.63	53.02	69.55	250.09	133.61	101.80
湖南	73.93	277.61	61.43	80.02	111.49	112.39	103.98
吉林	54.04	83.16	85.97	100.32	150.42	85.11	88.98
江苏	78.36	100.43	74.38	73.46	115.02	127.09	92.55
江西	58.63	109.40	79.35	76.78	209.01	44.34	84.43
辽宁	66.90	93.69	98.04	49.66	262.78	134.72	101.29
内蒙古	101.21	111.97	103.04	46.90	125.35	131.94	98.36
宁夏	197.53	54.76	55.25	56.71	65.57	154.61	83.69
青海	80.03	87.96	78.68	73.45	85.88	77.67	80.46
山东	70.57	116.41	51.11	107.05	157.24	132.43	98.90
山西	92.31	56.38	87.85	67.42	162.79	84.24	86.63
陕西	60.16	233.82	64.84	79.56	78.32	95.67	90.34
上海	117.37	128.82	88.34	63.15	253.08	88.01	111.08
四川	107.65	88.74	73.79	82.71	140.67	88.61	94.82
天津	90.77	125.55	69.36	90.77	110.93	116.65	98.77
新疆	132.31	83.51	69.29	58.05	112.34	83.84	86.49
云南	64.88	92.54	87.31	88.82	111.57	139.40	94.76
浙江	65.89	84.60	93.90	88.10	188.62	126.54	101.61
重庆	88.15	99.81	66.90	58.52	295.31	108.03	101.59

资料来源：作者经 MaxDEA Pro6.6 计算而得。

附表 9 整体各时间段全要素生产率指数

单位：%

省市区	Malmquist 指数（MI）						
	2010~2011 年	2011~2012 年	2012~2013 年	2013~2014 年	2014~2015 年	2015~2016 年	平均
安徽	45.22	34.34	78.10	136.20	52.36	114.05	67.98
北京	317.54	61.26	101.50	158.43	38.65	135.13	108.53
福建	86.69	122.37	53.23	195.34	133.75	50.39	95.18
甘肃	38.60	177.50	210.93	21.36	171.31	16.57	66.65
广东	104.77	70.96	179.75	120.85	130.67	115.71	116.04
广西	334.43	75.05	80.28	66.83	41.53	27.38	73.14
贵州	297.25	310.98	55.49	58.89	114.85	28.16	99.61
河北	182.65	15.32	81.41	125.95	53.10	121.01	75.44
河南	198.18	114.75	69.13	109.65	36.21	95.39	91.72
黑龙江	252.62	53.58	62.36	74.96	57.76	145.28	89.99
湖北	128.41	33.89	100.58	106.71	134.01	131.91	96.86
湖南	60.54	179.53	91.10	66.15	65.57	132.44	91.02
吉林	56.02	214.86	27.08	225.58	85.29	33.92	77.26
江苏	95.82	95.79	93.54	97.45	76.75	103.23	93.38
江西	23.58	100.37	67.10	104.03	74.28	107.20	71.32
辽宁	34.52	39.54	77.47	87.42	214.20	87.31	74.64
内蒙古	56.96	75.50	76.66	100.91	42.19	71.40	68.15
宁夏	47.84	72.33	152.05	163.57	11.09	70.47	63.77
青海	91.98	59.42	80.61	74.40	177.18	33.68	76.19
山东	41.11	157.41	87.67	198.39	98.79	114.13	104.05
山西	93.70	49.38	74.26	68.09	102.56	75.76	75.26
陕西	40.29	366.57	66.07	168.13	56.57	118.91	101.66
上海	134.10	98.95	112.34	114.85	135.64	102.30	115.51
四川	18.43	70.56	124.93	161.58	63.76	59.32	68.05
天津	64.60	169.29	72.86	124.99	50.39	136.46	93.89
新疆	88.37	57.57	160.64	80.00	36.92	107.82	79.90

续表

省市区	Malmquist 指数（MI）						
	2010~2011 年	2011~2012 年	2012~2013 年	2013~2014 年	2014~2015 年	2015~2016 年	平均
云南	122.10	59.61	109.18	62.83	192.89	27.82	80.29
浙江	107.61	65.70	92.22	237.76	151.34	117.34	118.39
重庆	163.33	15.68	140.63	72.50	194.53	159.55	96.56
平均	114.73	104.07	95.83	116.68	96.35	91.04	87.26

资料来源：作者经 MaxDEA Pro6.6 计算而得。

附表 10 整体各时间段技术效率变化指数

单位：%

省市区	技术效率变化指数（EC）						
	2010~2011 年	2011~2012 年	2012~2013 年	2013~2014 年	2014~2015 年	2015~2016 年	平均
安徽	66.17	76.66	89.02	185.20	60.14	131.07	93.29
北京	100.00	100.00	100.00	100.00	100.00	100.00	100.00
福建	124.27	122.56	74.15	263.46	86.88	99.06	116.96
甘肃	68.52	142.79	151.87	30.46	328.26	63.87	99.13
广东	182.29	62.33	206.82	100.00	100.00	100.00	115.30
广西	80.82	108.25	76.85	102.42	108.85	63.69	88.40
贵州	43.56	217.05	64.51	111.14	193.29	100.00	104.60
河北	302.27	26.83	100.34	151.80	84.79	123.02	104.32
河南	216.27	100.00	100.00	104.00	105.00	100.00	115.40
黑龙江	392.85	121.61	64.36	115.72	56.57	125.39	116.68
湖北	173.50	41.89	165.24	88.54	102.44	138.00	107.03
湖南	100.00	76.24	203.99	71.58	74.78	155.83	104.43
吉林	150.94	198.11	29.83	335.21	67.37	43.08	97.66
江苏	100.00	100.00	100.00	100.00	100.00	100.00	100.00
江西	20.69	193.98	44.60	103.81	60.15	359.08	85.88
辽宁	53.45	88.74	111.73	85.04	150.76	98.05	93.45
内蒙古	100.00	100.00	100.00	100.00	45.22	65.75	81.70
宁夏	100.00	100.00	100.00	100.00	100.00	100.00	100.00
青海	100.00	100.00	100.00	82.39	468.60	100.00	125.25
山东	62.01	161.27	108.95	176.26	100.00	76.49	106.62

续表

省市区	技术效率变化指数（EC）						
	2010~2011年	2011~2012年	2012~2013年	2013~2014年	2014~2015年	2015~2016年	平均
山西	143.62	121.79	59.68	99.31	113.91	81.17	99.30
陕西	47.52	186.84	115.15	140.49	84.24	131.51	108.05
上海	120.13	91.26	132.29	130.51	84.15	109.81	109.77
四川	33.14	105.25	145.34	141.74	73.63	85.77	87.66
天津	122.79	184.96	100.00	133.41	64.35	138.74	118.04
新疆	69.49	120.28	145.84	175.54	90.96	101.24	111.97
云南	267.97	116.70	100.57	102.62	206.18	29.04	111.61
浙江	100.00	100.00	100.00	135.72	201.53	87.38	115.63
重庆	263.20	22.46	148.38	156.89	86.29	171.79	112.62
平均	127.77	113.37	108.26	128.39	120.63	109.61	104.51

资料来源：作者经 MaxDEA Pro6.6 计算而得。

附表 11　整体各时间段技术进步指数

单位：%

省市区	技术进步指数（TC）						
	2010~2011年	2011~2012年	2012~2013年	2013~2014年	2014~2015年	2015~2016年	平均
安徽	68.34	44.80	87.73	73.54	87.07	87.01	72.86
北京	317.54	61.26	101.50	158.43	38.65	135.13	108.53
福建	69.76	99.84	71.79	74.14	153.95	50.87	81.37
甘肃	56.33	124.31	138.89	70.13	52.19	25.95	67.23
广东	57.48	113.84	86.91	120.85	130.67	115.71	100.64
广西	413.78	69.33	104.47	65.25	38.16	42.99	82.74
贵州	682.44	143.28	86.02	52.99	59.42	28.16	95.23
河北	60.42	57.09	81.14	82.97	62.62	98.37	72.32
河南	91.64	114.75	69.13	105.43	34.49	95.39	79.48
黑龙江	64.31	44.06	96.90	64.78	102.12	115.86	77.12
湖北	74.01	80.90	60.87	120.52	130.82	95.59	90.49
湖南	60.54	235.48	44.66	92.42	87.68	84.99	87.16
吉林	37.12	108.46	90.76	67.29	126.60	78.74	79.11
江苏	95.82	95.79	93.54	97.45	76.75	103.23	93.38

续表

省市区	技术进步指数（TC）						
	2010~2011 年	2011~2012 年	2012~2013 年	2013~2014 年	2014~2015 年	2015~2016 年	平均
江西	113.99	51.74	150.45	100.21	123.50	29.86	83.04
辽宁	64.59	44.55	69.34	102.80	142.08	89.05	79.87
内蒙古	56.96	75.50	76.66	100.91	93.30	108.59	83.42
宁夏	47.84	72.33	152.05	163.57	11.09	70.47	63.77
青海	91.98	59.42	80.61	90.31	37.81	33.68	60.83
山东	66.30	97.60	80.47	112.56	98.79	149.20	97.59
山西	65.24	40.55	124.41	68.56	90.03	93.33	75.79
陕西	84.79	196.19	57.38	119.67	67.15	90.42	94.08
上海	111.63	108.42	84.92	88.00	161.18	93.17	105.24
四川	55.61	67.04	85.96	113.99	86.60	69.15	77.62
天津	52.61	91.53	72.86	93.69	78.30	98.36	79.54
新疆	127.18	47.87	110.15	45.57	40.59	106.50	71.36
云南	45.56	51.08	108.56	61.23	93.56	95.78	71.94
浙江	107.61	65.70	92.22	175.19	75.10	134.28	102.38
重庆	62.06	69.83	94.78	46.21	225.45	92.88	85.74
平均	113.91	87.33	91.56	94.09	89.85	86.65	83.44

资料来源：作者经 MaxDEA Pro6.6 计算而得。

参考文献

［1］胡海青，张颖颖，王兆群. 社会网络结构对孵化资源配置效率的影响［J］. 中国科技论坛，2015（12）：45-50.

［2］Kang Byung-Joo. Exploring Governance Models of Science & Research Parks［J］. World Technopolis Association，2014，3（1）：38-53.

［3］Diez-Vial Isabel, Montoro-Sanchez Angeles. Research Evolution in Science Parks and Incubators Foundations and New Trends［J］. Scientometrics，2017，110（3）：1243-1272.

［4］Pauwels Charlotte, Clarysse Bart, Wright Mike. Understanding a New Generation Incubation Model：The Accelerator［J］. Technovation，2016，50-51：13-24.

［5］Hackett Sean-M.，Dilts David-M.. A Systematic Review of Business Incubation Research［J］. Journal of Technology Transfer，2004，29（1）：55-82.

［6］Ebbers Joris-J. Networking Behavior and Contracting Relationships among Entrepreneurs in Business Incubators［J］. Entrepreneurship Theory & Practice，2014，38（5）：1159-1181.

［7］Eveleens Chris-P.，Rijnsoever Frank-J.-Van，M. M. I. Niesten Eva. How Network-Based Incubation Helps Start-Up Performance：A Systematic Review against The Background of Management Theories［J］. Journal of Technology Transfer，2017（42）：676-713.

［8］Malek Kourosh, Maine Elicia, P. Mccarthy Ian. A Typology of Clean

Technology Commercialization Accelerators [J]. Journal of Engineering and Technology Management, 2014, 32 (32): 26-39.

[9] Rijnsoever Frank-J. -Van, Weele Marijn-A. -Van, Eveleens Chris-P. . Network Brokers or Hit Makers? Analyzing the Influence of Incubation on Start-Up Investments [J]. International Entrepreneurship and Management Journal, 2017, 13 (2): 605-629.

[10] Khorsheed Mohammad-S. , Al-Fawzan Mohammad-A. . Fostering University - Industry Collaboration in Saudi Arabia Through Technology Innovation Centers [J]. Innovation Management, Policy & Practice, 2014, 16 (2): 224-237.

[11] Hansen Morten-T. , Chesbrough Henry-W. , Nohria Nitin. Networked Incubators: Hot houses of the New Economy [J]. Harvard Business Review, 2000, 78 (5): 74-84.

[12] 王国红, 安宁, 唐丽艳. 区域孵化器网络的生成动因与构建研究 [J]. 科学学与科学技术管理, 2007 (4): 135-137.

[13] Giaretta Elena. The Trust "Builders" in the Technology Transfer Relationships an Italian Science Parkexperience [J]. The Journal of Technology Transfer, 2014, 39 (5): 675-687.

[14] Cooper Christine-E. , Hamel Stephanie-A. , Connaughton Stacey-L. . Motivations and Obstacles to Networking in a University Business Incubator [J]. Journal of Technology Transfer, 2012, 37 (4): 433-453.

[15] Díez - Vial Isabel, Montoro - Sánchez1 ángeles. Social Capital as a Driver of Local Knowledge [J]. Knowledge Management Research & Practice, 2014 (12): 276 - 282.

[16] Mcadam Maura, Marlow, Susan. Sense and Sensibility the Role of Business Incubator Client Advisors Inassisting High-Technology Entrepreneurs to Make Sense of Investment Readiness Status [J]. Entrepreneurship & Regional Development, 2011, 23 (7): 449-468.

［17］Somsuk Nisakorn, Laosirihongthong Tritos. A Fuzzy AHP to Prioritize Enabling Factors for Strategic Management of University Business Incubators Resource-Based View ［J］. Technological Forecasting & Social Change, 2014, 85 （85）：198-210.

［18］蒋仁国，张旻，张宝剑. 企业孵化器组织的网络化机理研究述评 ［J］. 经济问题探索，2011 （5）：80-84.

［19］Li Z., Wang J., Wu W.. The Impact of Incubated Enterprises' Resource Acquisition on Innovation Performance in the Incubation Network：Acting Through Relational Social Capital ［J］. Science & Technology Progress & Policy, 2017, 4 （1）：153-154.

［20］黄紫微，刘伟. 公共孵化器 VS 商业孵化器——孵化器市场结构演进过程 ［J］. 科学学研究，2015, 33 （12）：1813-1820.

［21］Mian Sarfraz, Lamine Wadid, Fayolle Alain. Technology Business Incubation：An Overview of The State of Knowledge ［J］. Technovation, 2016, 50-51：1-12.

［22］Elitzur Ramy, Gavious Arieh. Contracting, Signaling, and Moral Hazard's Model of Entrepreneurs, Angels, and Venture Capitalists ［J］. Journal of Business Venturing, 2003, 18 （6）：709-725.

［23］李振华，闫娜娜，谭庆美. 多中心治理区域科技孵化网络多主体协同创新研究 ［J］. 中国科技论坛，2016 （7）：92-98.

［24］Allen David-N., Mccluskey Richard. Structure, Policy, Services, and Performance in the Business Incubator Industry ［J］. Entrepreneurship Theory and Practice, 1990, 15 （2）：61-77.

［25］李振华，李赋薇. 孵化网络、集群社会资本与孵化绩效相关性 ［J］. 管理评论，2018, 30 （8）：79-89.

［26］陈健. 中国科技企业孵化器网络化发展的探讨 ［J］. 情报探索，2004, 92 （4）：69-72.

［27］王会龙，池仁勇．区域科技孵化网络的构建及其创新效应［J］．软科学，2004，18（4）：22-25.

［28］邹伟进，郑凌云．中国企业孵化器网络化演进：基于网络治理理论分析［J］．中国地质大学学报，2010，10（1）：104-109.

［29］范斐，杜德斌，李恒．区域科技资源配置效率及比较优势分析［J］．科学学研究，2012，30（8）：1198-1205.

［30］范斐，张建清，杨刚强．环境约束下区域科技资源配置效率的空间溢出效应研究［J］．中国软科学，2016（4）：71-80.

［31］昌永岗，穆美丽．法治：科技资源优化配置的必要保障［J］．科学管理研究，2015，33（1）：40-43.

［32］刘玲利．科技资源配置理论与配置效率研究［D］．吉林大学博士论文，2007.

［33］宋清．科技型创业企业孵化资源配置效率实证研究［J］．中国科技论坛，2013（10）：87-92.

［34］高军，岳未祯，索玮岚．科技资源配置研究进展及阶段性政策影响［J］．管理评论，2018，30（12）：49-62.

［35］贾钢涛，陈鑫．科技资源统筹研究述论［J］．科技管理研究，2014（9）：35-39.

［36］Pettersen Inger-Beate, Aarstad Jarle, Høvig Øystein-Stavø. Business Incubation and the Network Resources of Start-Ups ［J］. Journal of Innovation and Entrepreneurship, 2016 (2): 1-17.

［37］Li M. N., Chu Y. Q.. Explore the Research front of a Specific Research Theme Based on a Novel Technique of Enhanced Co-word Analysis ［J］. Journal of Information Science, 2017, 43 (6): 725-741.

［38］毕可佳，胡海青，张道宏．在孵企业创业导向对孵化网络协调绩效影响研究——社会资本的调节效应［J］．科技进步与对策，2016，33（10）：66-72.

［39］Fernandes Carolina-Cristina, Jr Moacir-De-Miranda-Oliveira, Sbragia Roberto. Strategic Assets in Technology-Based Incubators In Brazil ［J］. European Journal of Innovation Management, 2017, 20（1）：153-170.

［40］Sunga Tae-Kyung, Gibson David-V., Kang Byung-Su. Characteristics of Technology Transfer in Business Ventures the Case of Daejeon, Korea ［J］. Technological Forecasting & Social Change, 2003, 70（5）：449-466.

［41］马梦月. 多中心治理模式下区域科技孵化网络框架和效率研究［D］. 天津大学硕士学位论文, 2014.

［42］李振华, 马梦月, 吴文清. 多中心治理模式下区域科技孵化网络框架与效率提升途径［J］. 科技进步与对策, 2014, 31（18）：40-45.

［43］孙国强. 网络组织的内涵、特征与构成要素［J］. 南开管理评论, 2001（4）：38-40.

［44］Cobo-Benita Jr, Rodríguez-Segura E., Ortiz-Marcos I. Innovation Projects Performance：Analyzing the Impact of Organizational Characteristics ［J］. Journal of Business Research, 2015, 10（1）：234-249.

［45］张波. 孵化网络对入孵企业创业绩效的影响研究［D］. 中南大学博士学位论文, 2010.

［46］刘丙泉, 梁静国, 吴玉桐. 区域孵化器网络绩效的模糊群决策［J］. 华东经济管理, 2008, 22（10）：36-39.

［47］Patton Dean, Warren Lorraine, Bream David. Elements that Underpin High-Tech Business Incubation Process ［J］. Journal of Technology Transfer, 2009, 34（6）：621-636.

［48］Sá Creso, Lee Hana. Science, Business, and Innovation Understanding Networks in Technology-Based Incubators ［J］. R&D Management, 2012, 42（3）：243-253.

［49］张震宇, 史本山. 科技企业孵化器发展风险投资功能的利弊分析［J］. 科学学与科学技术管理, 2007（8）：112-114.

［50］王熹．网络组织成员间关系互动与网络组织运行效率的关系研究
［D］．天津大学博士学位论文，2011.

［51］Li M．，Simerly Rl．The Moderating Effect of Environmental Dynamism
on the Ownership and Performance Relationship ［J］．Strategic Management
Journal，2015，19（2）：169-179.

［52］Albort Morant-G．，Ribeiro Soriano-D．．A Bibliometric Analysis of In-
ternational Impact of Business Incubators ［J］．Journal of Business Research，2016，
69（5）：1775-1779.

［53］Kajikawa Yuya，Sakata Ichiro，Matsushima Katsumori．An Analysis of
Geographical Agglomeration and Modularized Industrial Networks in a Regional
Cluster a Case Study at Yamagata Prefecture in Japan ［J］．Technovation，2008，
28（8）：531-539.

［54］Ziao R．The Mode of Innovation of Science and Technology Incubation
Park Based on the Concept of Ecological Environment ［J］．Agro Food Industry Hi-
Tech，2017，28（3）：1275-1279.

［55］王艺博．孵化网络对孵化绩效影响的实证研究 ［D］．吉林大学博
士学位论文，2013.

［56］Happer Anderaon-E．，David A-L．．What Makes Business Incubation
Work？Measuring the Influence of Incubator Quality and Regional Capacity on Incu-
bator Outcomes ［J］．Research And Practice，2017（1）：1-15.

［57］Bøllingtoft Anne，Ulhøi John-P．．The Networked Business Incubator-
Leveraging Entrepreneurial Agency？［J］．Journal of Business Venturing，2005，20
（3）：265-290.

［58］李振华，赵敏如，王佳硕．社会资本对区域科技孵化网络创新产
出影响——基于多中心治理视角 ［J］．科学学研究，2016，34（4）：564-
573，581.

［59］张涵．创业孵化生态系统的网络演化及合作绩效研究 ［D］．天津

大学博士学位论文, 2014.

[60] 李浩, 胡海青, 费良杰. 孵化网络治理机制、网络负效应对网络绩效的影响 [J]. 科技进步与对策, 2018, 35 (20): 30-37.

[61] 韩晶, 宋涛, 陈超凡, 曲歌. 基于绿色增长的中国区域创新效率研究 [J]. 经济社会体制比较, 2013, 167 (3): 100-110.

[62] Deng C., Wei H., Tang Y.. DEA Method-Based Research on Financing Efficiency Evaluation of Listed Environmental Protection Enterprises In China [J]. Journal of Central South University, 2013 (5): 156-178.

[63] 梅姝娥, 陈文军. 我国副省级城市科技资源配置效率及影响因素分析 [J]. 科技管理研究, 2015 (6): 64-68.

[64] 杨凤鸣, 陈国生, 彭文武. 基于三阶段 DEA 模型的省域科技资源配置效率差异分析 [J]. 湖南社会科学, 2014 (6): 193-197.

[65] 田增瑞, 田颖, 吴晓隽. 科技孵化产业协同发展对区域创新的溢出效应 [J]. 科学学研究, 2019, 37 (1): 57-69.

[66] 孟卫东, 王清. 区域创新体系科技资源配置效率影响因素实证分析 [J]. 统计与决策, 2013 (4): 96-99.

[67] Leoncini Riccardo. The Nature of Long-run Technological Change Innovation, Evolution and Technological Systems [J]. Research Policy, 1998, 27 (1): 75-93.

[68] Atkinson Richard-C., Blanpied William-A.. Research Universities: Core of the US Science and Technology System [J]. Technology in Society, 2007, 30 (1): 30-48.

[69] 彭华涛. 区域科技资源配置的新制度经济学分析 [J]. 科学学与科学技术管理, 2006 (1): 141-144.

[70] 肖泽磊. 高技术产业科技资源配置和政策效果评估 [D]. 南京航空航天大学博士学位论文, 2010.

[71] 南星恒, 杨静, 曲培烊. 企业竞争新方式: 网络竞争——企业网

络［J］. 济南大学学报（社会科学版），2014，24（4）：75-79.

［72］ Pfeffer J. , Salancik G. R. . The External Control of Organizations：A Resource Dependence Perspective ［M］. NewYork： Harper and Row Publisers，1978.

［73］ Butler, Sohod S. Joint-Venture Autonomy：Resource Dependence and Transaction Cost Perspectives ［J］. Scandinavian Journal of Management，1995，11（2）：159-175.

［74］ Zald M. . Organizational Change：The Political Economy of the Ymca ［M］. Chicago：University of Chigago Press，1970.

［75］ G. Provan Keith, Fish Amy, Sydow Joerg. Interorganizational Networks at the Network Level：A Review of the Empirical Literature on Whole Networks ［J］. Journal of Management，2007，33（3）：479-516.

［76］ Hoover Rf. The Vascular Plants of San Luis Obispo County ［M］. California：University of California Press，1970.

［77］ 周志太. 基于经济学视角的协同创新网络研究 ［D］. 吉林大学博士学位论文，2013.

［78］ 阮平南，顾春柳. 技术创新合作网络知识流动的微观作用路径分析——以我国生物医药领域为例 ［J］. 科技进步与对策，2017，34（17）：22-27.

［79］ Vanderstraeten J. , Witteloostuijn Av, Matthyssens P. . Being Flexible through Customization？The Impact of Incubator Focus and Customization Strategies on Incubatee Survival and Growth ［J］. Journal of Engineering & Technology Management，2016，41（7-9）：45-64.

［80］ 纪浩. 众创空间运行效率评价与资源优化配置研究 ［D］. 浙江工商大学博士学位论文，2017.

［81］ Schwartz Michael. A Control Group Study of Incubators' Impact to Promotefirm Survival ［J］. The Journal of Technology Transfer，2013，38（3）：302-331.

［82］Kolympiris Christos, Klein Peter-G.. The Effects of Academic Incubators Onuniversity Innovation ［J］. Strategic Entrepreneurship Journal, 2017, 11 （2）: 145-170.

［83］Barbero Jl, Casillas Jc, Wright M.. Do Different Types of Incubators Produce Different Types of Innovations? ［J］. Journal of Technology Transfer, 2014, 39 （2）: 151-168.

［84］朋越. 区域创业资源优化配置研究 ［D］. 东南大学博士学位论文, 2017.

［85］陈夙, 项丽瑶, 俞荣建. 众创空间创业生态系统: 特征、结构、机制与策略——以杭州梦想小镇为例 ［J］. 商业经济与管理, 2015, 289 （11）: 35-43.

［86］Brass Dj, Galaskiewicz J., Greve Hr. Taking Stock of Networks and Organizations: A Multilevel Perspective ［J］. Academy of Management Journal, 2004, 47 （6）: 795-817.

［87］Coleman J.. Foundations of Social Theory ［M］. Cambridge, MA: The Belknap Press of Harvard University Press, 1990.

［88］Alter C., Hage. Organizations Working Together ［M］. Ca: Sage, 1993.

［89］Oh Deog-Seong, Phillips Fred, Parkc Sehee. Innovation Ecosystems: A Critical Examination ［J］. Technovation, 2016, 54 （3）: 1-6.

［90］Albort Gema, Ribeirosoriano Domingo. A Bibliometric Analysis of International Impact of Business Incubators ［J］. Journal of Business Research, 2016, 69 （5）: 1775-1779.

［91］J. Wonglimpiyarat. The Innovation Incubator, University Business Incubator and Technology Transfer Strategy: The Case of Thailand ［J］. Technology in Society, 2016, 46 （10）: 18-27.

［92］吴兴海, 马俊. 创业机会、员工争夺与员工离职创业研究 ［J］. 科学学与科学技术管理, 2013, 34 （6）: 172-180.

［93］段云龙，余义勇，于东平．基于两阶段关联 DEA 法的产业技术创新战略联盟运行效率研究［J］．科技管理研究，2017，37（11）：49-58.

［94］阮卓婧，陈骏宇，阮建雄．海洋产业集群创新绩效的实证研究——基于二阶段网络 DEA 模型［J］．北京经济，2013（5）：52-55.

［95］包英群，鲁若愚，熊麟．基于二阶段 DEA 模型中国平板显示产业创新效率研究［J］．科学学与科学技术管理，2016，37（9）：49-57.

［96］殷群，张娇．长三角地区科技企业孵化器运行效率研究——基于 DEA 的有效性分析［J］．科学学研究，2010，28（1）：86-94.

［97］杜鹃．基于生态观的科技企业孵化器运行模式及效率研究［D］．吉林大学博士学位论文，2014.

［98］徐菱涓．我国科技企业孵化器绩效评价与实证研究［D］．南京航空航天大学博士学位论文，2010.

［99］胡海燕，段韶芬，裴新涌．我国孵化器发展的现状、特点与趋势［J］．科技进步与对策，2002（10）：191-193.

［100］刘帅，钱士茹．基于 DEA 的安徽省科技企业孵化器运行效率研究［J］．技术经济，2011，30（6）：6-10.

［101］李娜娜，张玲，孙国强．区域孵化网络效率与影响因素研究——基于中国大陆 29 个省级数据的实证分析［J］．软科学，2018，32（3）：61-68.

［102］张力，聂鸣．企业孵化器分类和绩效评价模型研究综述［J］．外国经济与管理，2009，31（5）：60-65.

［103］宋清，金桂荣，赵辰．科技企业孵化器绩效的影响因素实证研究［J］．中国科技论坛，2014（10）：120-125.

［104］Tang Ming-Feng, Lee Jaegul, Liu Kun. Assessing Government-Supported Technology-Based Business Incubators［J］. International Journal of Technology Management, 2014, 65（1）：24-48.

［105］刘乃全，吴友，赵国振．专业化集聚、多样化集聚对区域创新效

率的影响——基于空间杜宾模型的实证分析［J］. 经济问题探索, 2016（2）:
89-96.

［106］白俊红, 卞元超. 要素市场扭曲与中国创新生产的效率损失［J］.
中国工业经济, 2016（11）:39-55.

［107］Färe R., Grosskopf S.. Intertemporal Production Frontiers: With Dynamic DEA［J］. Journal of the Operational Research Society, 1997, 48（6）:656.

［108］Tsutsui M.. Network DEA: A Slacks-Based Measure Approach［J］.
European Journal of Operational Research, 2009, 197（1）:243-252.

［109］Fukuyama H. Weber-W-L.. A Slacks-Based Inefficiency Measure for
a Two-Stage System with Bad Outputs［J］. Omega, 2010, 38（5）:398-409.

［110］刘俊华, 吕晋慧, 华连连. Y 乳企液奶下游两级供应链网络 DEA
效率评价研究［J］. 内蒙古大学学报, 2017, 48（4）:412-420.

［111］郭文, 孙涛, 朱建军. 关联多阶段生产系统的网络 SBM 效率评价
方法［J］. 系统工程, 2017, 35（1）:151-158.

［112］余勇晖, 汤宇威. 基于链式网络 DEA 模型的基本医疗服务均等化
研究［J］. 兰州大学学报, 2015, 43（4）:31-40.

［113］钱丽, 陈忠卫, 肖仁桥. 安徽省高技术产业创新效率研究——基
于两阶段价值链视角［J］. 技术经济, 2012, 31（8）:50-58.

［114］严德成, 吴建伟. 区位条件对创新导向型企业社会网络的影
响——兼论企业选址决策［J］. 华东经济管理, 2017, 31（5）:66-71.

［115］Altenburg T., Hampel-Milagrosa A., Loewe M.. A Decade on: How
Relevant is the Regulatory Environment for Micro and Small Enterprise Upgrading
after All?［J］. European Journal of Development Research, 2017, 29（2）:457-475.

［116］Ge Jx, Xu Hj, Pellegrini Mm. The Effect of Value Co-Creation on Social Enterprise Growth: Moderating Mechanism of Environment Dynamics［J］.
Sustainability, 2019, 11（1）:340-352.

［117］张玉利, 陈立新. 中小企业创业的核心要素与创业环境分析［J］.

经济界，2004（3）：29-34.

[118] 邢蕊．创业导向对在孵企业创新绩效的影响研究 [D]．大连理工大学博士学位论文，2013.

[119] 苏中锋，谢恩，孙永风．环境的包容性和复杂性对战略柔性实施效果的影响研究 [J]．科学学与科学技术管理，2006（9）：119-123.

[120] 张炜，邢潇．科技企业孵化器服务项目与服务绩效关系实证研究 [J]．科学学与科学技术管理，2006（4）：159-164.

[121] 章思诗，李姚矿．基于 DEA-Tobit 模型的科技金融效率影响因素研究 [J]．科技管理研究，2017，37（6）：29-34.

[122] Han Gy. Research on Efficiency Evaluation of University Technological Innovation in Heilongjiang Province [A] //International Conference on Management Science & Engineering, 2011: 198-210.

[123] 郑健壮，武朝艳．集群企业创业传导：过程、效率与影响因素 [J]．企业经济，2017，36（1）：34-40.

[124] 王敬．创业孵化器技术效率的评测研究 [D]．大连理工大学博士学位论文，2012.

[125] Allen D., Rahman S.. Small Business Incubators: A Positive Environment for Entrepreneurship [J]. Journal of Small Business Management, 1985, 23（3）: 12-22.

[126] 田原．市场化进程与区域创新水平——基于省级数据的实证研究 [J]．当代经济，2018（5）：34-37.

[127] 党兴华，王方．核心企业领导风格、创新氛围与网络创新绩效关系研究 [J]．预测，2014，33（2）：7-12.

[128] Conceição Pedro, V. Heitor Manuel, S. Vieira Pedro. Are Environmental Conterns Drivers of Innovation? Interpreting Portuguese Innovation Data to Foster Environmental Foresight [J]. Technological Forecasting & Social Change, 2006, 73（3）: 266-276.

[129] 吴义刚. 创业氛围的概念、内涵及其与创业文化的差异 [J]. 现代商业, 2013 (32): 271-272.

[130] 曾萍, 邬绮虹, 蓝海林. 政府的创新支持政策有效吗？——基于珠三角企业的实证研究 [J]. 科学学与科学技术管理, 2014, 35 (4): 10-20.

[131] 赵剑波, 杨震宁, 王以华. 政府的引导作用对于集群中企业创新绩效的影响：基于国内科技园区数据的实证研究 [J]. 科研管理, 2012, 33 (2): 11-17, 78.

[132] 邓超, 唐莹, 胡梅梅. 对小企业外部融资渠道的理论探讨 [J]. 湘潭大学学报 (哲学社会科学版), 2014, 38 (2): 42-45.

[133] 郭涛, 韩天宇, 王金波. 区位优势与区域城市经济发展——来自衡水市的证据 [J]. 衡水学院学报, 2018, 20 (1): 38-42.

[134] 杨达诚. 东盟国家引进 FDI 的区位优势与投资环境研究 [D]. 对外经济贸易大学博士学位论文, 2017.

[135] 郭建科, 王绍博, 王辉. 国家级风景名胜区区位优势度综合测评 [J]. 经济地理, 2017, 37 (1): 187-195.

[136] A. Kocak, A. Carsrud, Market Oflazoglu-S.. Entrepreneurial, and Technology Orientations: Impact on Innovationand Firm Performance [J]. Management Decision, 2017, 55 (55): 248-270.

[137] 吴波, 郝云宏. 区位优势获取、内部资源锁定与总部迁移区位选择——来自中国上市公司的经验 [J]. 管理评论, 2018, 30 (1): 127-135.

[138] Marsden Pv, Lin N. Social Structure and Network Analysis [J]. Social Forces, 1982, 63 (3): 854-856.

[139] 袁剑锋, 许治. 中国产学研合作网络结构特性及演化研究 [J]. 管理学报, 2017, 14 (7): 1024-1032.

[140] 刘凤朝, 姜滨滨. 中国区域科研合作网络结构对绩效作用效果分析——以燃料电池领域为例 [J]. 科学学与科学技术管理, 2012, 33 (1): 109-115.

［141］Schilling M., Phelps C. Interfirm Collaboration Networks：The Impact of Large-scale Network structure on Firm Innovation ［J］. Management science 2007, 53 (7)：1113-1126.

［142］周建华, 段浪. 城市科技企业孵化器网络形成与演变研究 ［J］. 经济地理, 2011, 31 (3)：443-446, 452.

［143］刘平. 科技企业孵化器网络行为与孵化绩效的关系研究 ［D］. 浙江大学博士学位论文, 2012.

［144］Cook Ks, Emerson Rm, Gillmore Mr. The Distribution of Power in Exchange Networks：Theory and Experimental Results ［J］. American Journal of Sociology, 1983, 89 (2)：275-305.

［145］Allen W. Social Networks and Self-Employment ［J］. Journal of Socio-Economics, 2000, 29 (5)：487-501.

［146］刘晓燕, 阮平南, 童彤. 专利合作网络知识扩散影响因素分析——以集成电路产业为例 ［J］. 中国科技论坛, 2013 (5)：125-130, 148.

［147］常红锦, 党兴华, 杨有振. 创新网络惯例与关系稳定——信任的中介作用 ［J］. 科研管理, 2017, 38 (11)：10-17.

［148］Ngamassi L., Maitland C., Tapia A. H.. Humanitarian Interorganizational Information Exchange Network：How do Clique Structures Impact Network Effectiveness? ［J］. Voluntas International Journal of Voluntary & Nonprofit Organizations, 2014, 25 (6)：1483-1508.

［149］Gnyawali Dr, Madhavan R.. Cooperative Networks and Competitive Dynamics：A Structural Embeddedness Perspective ［J］. Academy of Management Review, 2001, 26 (3)：431-445.

［150］吴结兵. 网络密度与集群竞争优势：集聚经济与集体学习的中介作用——2001~2004 年浙江纺织业集群的实证分析 ［J］. 管理世界, 2008 (8)：69-78.

［151］Gamst Fc. Foundations of Social Theory ［J］. Anthropology of Work

Review, 2010, 12（3）：19-25.

[152] 谢洪明．网络密度、学习能力与技术创新的关系研究 [J]．科学学与科学技术管理, 2011, 32（10）：57-63.

[153] 文婧, 吕慧燕．网络结构对中国区域电视剧产业发展的影响研究 [J]．中国软科学, 2015（12）：88-102.

[154] 柴箐, 王茂军, 徐洁．区域城市规模与网络中心性的关系分析——基于山东省基本部门链接网络的讨论 [J]．地理科学进展, 2012, 31（12）：1656-1667.

[155] 陈伟, 杨早立, 张永超．网络结构与企业核心能力关系实证研究：基于知识共享与知识整合中介效应视角 [J]．管理评论, 2014, 26（6）：74-82.

[156] 陶秋燕．创新网络特征要素配置、环境动荡性与创新绩效关系研究——来自 QCA 的实证分析 [J]．科技进步与对策, 2016, 33（18）：19-27.

[157] 夏鑫, 何建民, 刘嘉毅．定性比较分析的研究逻辑——兼论其对经济管理学研究的启示 [J]．财经研究, 2014, 40（10）：97-107.

[158] Ragin Cc. Journal of Social History [M]. London：University of California Press, 1987：627-641.

[159] 王凤彬, 郑晓杰, 陈公海．管理要素联动效应与中央企业管理提升——基于管理系统网络特征的跨层比较分析 [J]．中国工业经济, 2014（5）：135-147.

[160] C. Fiss Peer. Building Better Causal Theories：A Fuzzy Setapproach to Typologies in Organization Research [J]. Academy of Management Journal, 2011, 54（2）：393-421.

[161] Misangyi Vf, Elms H., Greckhamer T.. A New Perspective on a Fundamental Debate：A Multilevel Approach to Industry, Corporate, and Business Unit Effects [J]. Strategic Management Journal, 2010, 27（6）：571-590.

[162] 陶秋燕, 李锐, 王永贵．创新网络中不同主体关系强度配置与创

新绩效关系——基于 QCA 的实证分析 [J]. 科技管理研究, 2016 (9): 1-5.

[163] Ragin Brac. Configurational Comparative Methods: Qualitative Comparative Analysis (QCA) and Related Techniques [J]. Thousand Oaks Ca: Sage Publications, 2009, 44 (3): 209-221.

[164] 赵文, 王娜. 二元网络背景下中国海归企业绩效提升路径研究——基于模糊集的定性比较分析 [J]. 科学学与科学技术管理, 2017, 38 (5): 128-139.

[165] Mcelwee G., Atherton A.. Publication Trends and Patterns in Entrepreneurship: The Case of The International Journal of Entrepreneurship and Innovation [J]. Journal of Small Business & Enterprise Development, 2005, 12 (1): 92-103.

[166] 张永安, 张瑜筱丹. 创新创业政策对区域新动能支撑效率的多视角分析 [J]. 科技进步与对策, 2018, 35 (16): 113-120.

[167] 邵元军, 李建平, 周振亚. 河南省小麦产业区位动态变化实证分析 [J]. 中国科技论坛, 2010 (12): 135-141.

[168] 董庆, 袁宗福. 利用地理国情普查数据进行区位优势度评价的探索及应用分析 [J]. 测绘与空间地理信息, 2017, 40 (11): 108-110.

[169] 李志, 周生路, 吴绍华. 南京地铁对城市公共交通网络通达性的影响及地价增值响应 [J]. 地理学报, 2014, 69 (2): 255-267.

[170] 金凤君, 王成金, 李秀伟. 中国区域交通优势的甄别方法及应用分析 [J]. 地理学报, 2008 (8): 787-798.

[171] 王世金, 徐新武, 邓婕. 中国滑雪旅游目的地空间格局、存在问题及其发展对策 [J]. 冰川冻土, 2017, 39 (4): 902-909.

[172] 刘军. 整体网络分析讲义 [M]. 上海: 格致出版社, 2009.

[173] 林聚仁. 社会网络分析理论、方法与应用 [M]. 北京: 北京师范大学出版社, 2009.

[174] Fan Di, Chen Yi-Li-Liang. Configuring Innovative Societies: The Cr-

ossvergent Role of Cultural and Institutional Varieties [J]. Technovation, 2017 (5): 43-56.

[175] 王凤彬, 江鸿, 王璁. 央企集团管控架构的演进: 战略决定、制度引致还是路径依赖? ——一项定性比较分析 (QCA) 尝试 [J]. 管理世界, 2014 (12): 92-117.

[176] Ragin Cc. Redesigning Social Inquiry: Fuzzy Sets and Beyond [M]. Chicago: University of Chicago Press, 2008: 89-91.

[177] Ragin Charles-C. Set Relations in Social Research: Evaluating Their Consistency and Coverage [J]. Political Analysis, 2006 (14): 291-310.

[178] Roberts Eb, Hauptman. The Process of Technology Transfer to the New Biomedical and Pharmaceutical Firm [J]. Research Policy, 1985, 15 (3): 107-119.

[179] Hansen E. - L. Entrepreneurial Networks and New Organization Growth [J]. Entrepreneurship Theory and Practice, 1995, 19 (4): 7-20.

[180] 池毛毛, 赵晶, 李延晖. 企业平台双元性的实现构型研究: 一项模糊集的定性比较分析 [J]. 南开管理评论, 2017, 20 (3): 65-76.

后　记

　　本书是在我的博士论文基础上进行适当修改完善而成的，博士论文选题来自于国家自然科学基金项目——企业网络权力的形成机理、配置效率及其对合作行为的影响研究，在研究过程中得到山西省哲学社会科学规划项目"山西省科技企业孵化系统资源配置效率提升路径研究"和山西省社科联重点课题"山西企业孵化生态网络效率提升路径研究"的联合资助。

　　不经一番寒彻骨，怎得梅花扑鼻香。四年的寒窗苦读，一千多个日日夜夜挑灯夜战，化作了今日这本沉甸甸的学术专著。正直此专著出版前夕，学校传来喜报，我的博士论文荣获山西省优秀博士学位论文。此刻的我在深感欣慰的同时，更多的则是对帮助过我的所有老师、同事、同学、家人们深深的感谢！

　　感谢我的导师孙国强教授。孙老师扎实的理论功底、渊博的学识、高尚的师德、严谨的治学态度和宽厚的待人方式，都对我影响深远，不仅使我树立了远大的学术目标、熟练掌握了多种科学研究方法，还使我明白了许多人生哲理。在四年的博士求学生涯中，无论是在学业、工作还是生活方面，孙老师都给予了我耐心的指导和帮助。孙老师是我进行学术研究的启蒙者和引路人，一步一步教会我开拓思路并指导我进行深入研究。本研究在选题、写作以及不断修改过程中都倾注了孙老师大量的心血和精力。导师那严谨治学的科学态度是我今后治学的明镜，导师那谦虚和蔼、厚德载物的优秀品质是我今后做人的楷模。

感谢山西财经大学管理科学与工程学院前院长张所地教授，张老师为我打开管科学院的大门并鼓励我读博深造，激励我开展高水准科研工作。感谢赵国浩教授、杨俊青教授、牛冲槐教授、党兴华教授和张宝建副教授在我研究过程中提出的一系列重要建议，使我的研究更加完善。感谢苗敬毅教授对我写作思路的认真把关和研究方法的耐心指导，使我获得了无尽的写作灵感和信心。感谢我的同事赵文副教授对我研究方法的悉心指导，一次次的深入讨论使我深受启发，使得本研究的内容得到不断完善。感谢吉迎东副教授、邱玉霞副教授、王莉副教授、张慧敏副教授对我写作的无私帮助和精神上的莫大鼓励。感谢我的挚友南瑞琴博士和王晓燕博士，在本文撰写的艰苦岁月里每日的陪伴让我感受到生活的无尽乐趣，这些都将奠定我们更加深厚、纯粹的友谊。感谢我的挚友石海瑞博士，相互间的鼓励和帮助都将成为我们读博期间最亮丽的风景。感谢我的挚友周莉清博士和王莉博士，一次次对学术和人生的深入探讨终将成为我一生最美好的回忆。

此外，我还要深深感谢西澳大利亚大学 Di Fan 教授（QCA 方法创始人 Ragin 教授的大弟子）对我论文中 fs-QCA 方法的多次耐心指导，相识于中国传媒大学博士 QCA 工作坊的 Di Fan 教授温文尔雅、学识渊博，在与 Di Fan 教授的数次交流中我深深感受到了他深厚的学术造诣和精益求精的治学态度，使我对该方法的发展前沿和核心技术有了更加深刻的理解，从而在论文中得以自如运用。

感谢我最亲爱的父母张新民先生和郭俊清女士在生活上和工作中对我的无私付出，你们永远是我避风的港湾，你们伟大的爱让我的生活充满无尽的阳光，让我的奋斗充满无限的力量！感谢我的先生付文杰在我读博期间对我无限的鼓励和关爱，使我能够不断树立起足够的信心来面对一切困难。感谢我的双胞胎妹妹张宪硕士和张月硕士，你们使我每日沐浴在真挚的姐妹情深中，同时对我的研究也提供了莫大的帮助。感谢我的孩子付宇正，你的可爱和懂事是我在学业和工作上永续前进的不竭动力！感谢我的婆婆李翠果女士多年来对孩子和家庭无微不至的照顾，使我有充裕的时间和充沛的精力来完成研究。感谢所有爱我的家人们！

　　路漫漫其修远兮，吾将上下而求索！博士毕业只是我学术生涯一个崭新的起点，我将继续在今后漫长的科研和人生道路上不忘初心，砥砺前行！由于本人的知识水平有限，本书的错误在所难免，恳请各位同行学者给予批评指正，我将在后续的研究中不断探究完善。

张玲

2019 年 12 月